佛說妙慧童女經

十種幸福之道

星雲大師

導讀

古經典，新幸福

台積電慈善基金會董事長　張淑芬

我一直非常欽敬星雲大師，大師是一位深刻關注世人的宗教家，他壯闊澎湃的弘法之路，在在處處都將佛法與當代生活密切連結，對人類心靈的淨化，有著全球性的影響力。

尤其讓我佩服的是，大師著書立說悲智圓融，總是用淺顯易懂的語言、精采生動的故事，把深奧的佛理，點化成人人可以親近的道理。近日，我讀到大師嶄新成書的《十種幸福之道——佛說妙慧童女經》，以二千六百年前佛說的《妙慧童女經》為本，為身心憂惱的現代人，詮釋出融佛法精神於人生幸福的十條道路。我一讀又讀，咀嚼再三，真是雋永無限啊！

這十條道路所涵蓋者，從自處到處人、從肉身到心靈、從入世到出世，我讀著讀著，覺得眼前彷彿是一部衛星導航地圖，隨著文字層層深入，依循導引步步修習，原來，在古老經典中，可以看到這麼新穎的幸福活力。

• 美是生命深處的莊嚴

《妙慧童女經》的二位問答主角，一位是佛陀，另一位是八歲的提問者妙慧童女。當時妙慧童女向佛陀提出十個問題，架構了人生全面性的成功。觀之思之，我作為現代女性，特別覺得這小姑娘的大哉問，意味深長。

女性，並不是男性的附屬或對立角色，我認為，修行是男女無別的，菩薩道上人人能行，當我們不斷長養智慧，並將智慧化現為自利利他的行動，人生的圓滿才真正成就了。

比如妙慧童女的第一問：「怎樣能得到端正美麗的外貌？」我相信從古至今，美貌是絕大多數女性的追求，然而，什麼是真正動人的美？有時我們會看到這樣的一對夫妻，丈夫帥氣瀟灑，妻子卻其貌不揚，而兩人竟能琴瑟和鳴、相守到老。從外人的角度也許認為妻子很醜，但他的丈夫可是別具慧眼，看到了外人看不到的內在之美。所以我覺得，真正的美，是發於中而形於外的自信、自足魅力，即使五官不漂亮、鼻子不挺、眼睛不大，但氣質出眾仍能綻放耀眼的光芒。

佛陀告訴妙慧童女成就端正美貌有四種方法，其中之一是「造佛形像」。星雲大師在書中詮釋說，造佛形像是為了提醒我們憶念佛陀的德行，進而啟發內在的佛性，從而彰顯於身心，自然清淨莊嚴。大師的說法既有現代感又具親切性，讓我想起今年（二〇一三）五月間，我應佛陀紀念館「百畫齊芳——百位畫家畫佛館特展」之邀，參與作畫活動。當我執起畫筆，描繪祇園芳樹間的佛陀形像時，耳聞目見法相莊嚴，當下身心的安詳寧靜，的確就如「心靈美容」。

提筆作畫是造佛形像的一種方法，其他如歌詠讚頌、文字描寫、拍照攝影……每一個現代人，都可以找到「美」化自己的修行模式。

● 現世富足，出世安樂

妙慧童女的第二問：「怎樣能得到富貴圓滿的人生？」那麼何為富貴呢？是花上大把鈔票飽啖海參魚翅？還是一碗陽春湯麵就開心知足？我認為，心靈安住才是真實的富貴之福。

我常有機會與台積電志工社的同仁們一起出訪，不論是為榮民之家的老人、兒童中心的小朋友服務；或是替偏遠小學、資源貧瘠的孩子們說故事；抑或協助高中校園提出節能評估及改善計畫；甚至如莫拉克颱風之害，及時協助受災民眾的救濟……每當看到同仁們助人的笑容，就深深覺得，他們是真正的富人，因為布施。

布施時間、心力，布施專業技能、知識經驗，他們是有福的人。我非常贊同星雲大師在書中所說：「懂得布施給人的，最是富有；布施就是『給』，是世界上最美好的事。」佛陀告訴妙慧童女得到富貴的要點之一，就是布施。

當一位二十一世紀的高科技人，在遙遠的山巔水湄為孩子們講故事，所實踐者，正是佛陀所教誨公益利他的修行。可見佛經、修行一點也不遙遠，就在日常生活中，俯仰即是、用心即得。

妙慧童女的一問、二問直到十問，總體而言，就是創造一個「現世富足、出世安樂」的成功人生。星雲大師作了次第鮮明的界分，「現世富足」的部分，包括了得端正身、大富尊貴、眷屬不壞、處世無怨、說話人信；「出世安樂」的部分，則包括佛前受化生、命終見佛，而自在神通、法障淨除、永離魔業則是修持佛法時可獲得的利益。具足入世、出世的圓滿性格，就是這部經典給我們的珍貴教示。

• 且做凌空散花的天女

過去有一段時間學插花，那時，我會插上大大小小的盆花，一一送給同事朋友。花，在我的生活當中，有如一泓芬芳之流，流貫在空間、畫布間、人與人之間。因此當我讀到妙慧童女的第四問，怎樣能在佛前化生於蓮花座上，超越肉身的限制，得到出世的圓滿？而佛陀回答其中一個方法是「捧花供佛」時，瞬時讓我感動莫名。

特別是星雲大師對花香供佛的詮釋：「『天女散花』就是散美在人間，散香在人間，散得貢獻在人間。我們若能把歡喜散播在人間，把慈悲散播在人間，把佛法散播在人間，不也是天女散花了嗎？」這意象是多麼鮮明深刻！

我不是佛學家，僅是修行路上追隨而行的人，承蒙大師不棄，容我在他老人家的著作裡贅言一二，我真真不敢以為文作序的導讀人自居。我覺得，經典之中戒德薰香遍一切處，是人間最上真香，那麼，且讓我做一個凌空散花的天女吧，權將這篇小文當作撒花散香的手勢，告訴世人，這書裡有慈悲之美、智慧之香。

多年前，我曾將達賴喇嘛親送給我的佛像轉贈給一位朋友，因為我覺得他比我更需要鼓舞與祝福。閱讀大師《十種幸福之道——佛說妙慧童女經》時，我又想起這件往事，書中的福慧兩足，真如同有佛安坐啊！既坐在我們的面前，又坐在我們的心中。

那麼，我知道《十種幸福之道——佛說妙慧童女經》正是人間深深的祝福。

二〇一三年一月

自序　人間最幸福的人

星雲

多年以前，我為佛光山叢林學院的學生上課，講過一部《妙慧童女經》；這部經因為是收錄在以故事樣貌集結的《大寶積經》中，所以也可稱為《大寶積妙慧童女經》。

我講說這部經典，其實是有一些緣由的。一者，佛經中常說修行路上「願捨女身」，令一些女性感到困惑，以為自己在修行這條路上，比男性矮了一截；二者，過去社會男女兩性未臻平等，所以我想藉由推廣這部經典來提升女性的地位。

其實，現今佛教的推廣，不論是出家或在家，女性都具有無比重要的力量。例如在台灣，出家眾以女性居多，再加上在家女性全力護持佛教，也都是讓佛教正法能在台灣興盛的主要原因。《妙慧童女經》的主角，除了佛陀之外，就是一位名叫妙慧的八歲童女。當時妙慧童女向佛陀提出十個攸關人生修行的課題，包括：如何讓自己的相貌端正美好？如何獲得富貴？如何與親友和睦相處？如何化生坐入蓮花（沒有肉身的限制）？如何擁有神通自在（開發無限的潛能）？如何處世無怨？如何所言讓人信受？如何離開修持佛法的障礙？如何遠離魔障？如何於此生終了之時，能得見佛？佛陀都各答以四種修行法門。

佛陀說：「人人皆有佛性。」所以，若說《妙慧童女經》是女性解脫、成佛的寶典，也是不為過，因為每個眾生都會成佛。更何況在《妙慧童女經》裡，妙慧童女發願將來要作佛，而佛陀也授記他未來必將成佛！

這些年來，我倡導每一個人要直下承擔「我是佛」，因此每每在許多講話的場合，都要大家大聲說：「我是佛！」佛是清淨、平等的覺者，如果我們能從「三好」出發，做好事、說好話、存好心，身口意三業清淨，不也就是人間的覺者了？

佛陀教導妙慧童女的修行之道，即是人生的應世、用世之道。佛陀教妙慧造佛像、禮佛塔，教他慎言語、敬眾生，目的同歸一處：用恭敬心、清淨心來看自己和眾生，自己是佛，眾生也是佛！

所謂「心、佛、眾生，三無差別」。禮佛，正是為了珍視、禮敬自己與眾生尊貴的佛性。只要把人做好，則人人都會成佛。所以，人間佛教追求的是現實與修行（世出世間）成就的福慧雙得。

這部《妙慧童女經》，我們可以視為：佛為「英雄出少年」的年輕人而說，為女性生起稀有勇猛之心而說，為追求富足與安樂的眾生而說，更是為眾生的生權、平等和解脫而說。

今整理結集當年講說《妙慧童女經》的文稿成書，名為《十種幸福之道——佛說妙慧童女經》，希望大家都能由此入佛知見，從佛陀的智慧中得到富足和安樂，成為人間最幸福的人！

二〇一三年一月

目次

前言——女性的覺醒

• 向女性致敬的一部經典

民國五十二年（一九六三），我在宜蘭念佛會講說佛教婦女的故事，曾例舉經典中出現過的龍女、銀色女、蓮花色女、摩登伽女等二十位佛教婦女的成就，其中也談及妙慧童女。

為什麼我會講佛教婦女的故事呢？因為佛教向來非常重視婦女。婦女對於佛教的貢獻功德巍巍，難以言喻，二千多年來佛教的興隆與發展，婦女扮演了推舟掌舵的重要角色。婦女對佛教的巨大貢獻，我僅約略提出四點：

一、**婦女的布施護法**：由於婦女們的布施淨財，一棟棟莊嚴巍峨的寺院殿堂興建起來了；由於婦女們的護持道場，一次次殊勝圓滿的法會活動舉辦成功了。如果沒有婦女的發心樂施，台灣佛教乃至國際佛教的發展，哪裡會有今日興盛的情況呢？

二、**婦女的奉侍服務**：無論走到哪個寺廟，經常都可以看到許多婦女在那裡服務工作，他們或者到廚房揀菜、典座、行堂、端茶，或者為人引導、解說，或者在佛堂裡清掃，維護寺院的清潔等等，他們不怕勞累，從服務奉獻中長養了菩提，增加了福慧，也使得佛教的活動得以圓滿地推展開來。

三、**婦女的度人信佛**：婦女普遍主動、樂說，度眾熱忱，不僅自己信佛，也積極接引有緣人，使得佛教的信徒日益增多，也正面地改變了他們的人生。

四、婦女的社會福祉：婦女饒富慈憫心，每遇有社會不幸事件，多能發揮「人溺己溺，人飢己飢」的精神，支持救助孤苦無依的弱勢。所以，婦女在社會慈善方面，處處展現佛法慈悲濟世的精神，有著不可抹滅的貢獻。

以上四點，足見婦女對於佛教的發展，具有舉足輕重的地位。

在《妙慧童女經》中，佛陀以妙慧作為當機眾，希望過去、現在、未來的有緣人，都能得到佛法的大利益。

《妙慧童女經》出自《大寶積經》第九十八卷，經文敘述妙慧童女的故事。妙慧不但人如其名，從小靈巧聰慧，且具有上根器，以八歲之齡，就向佛陀提出了一連串震驚全座，關於菩薩道修行，世出世間的問題。

這部經典印證了修行的成就無分男女，只要有承擔的勇氣和決心，人人都可以成就。現在是女性覺醒的時代，女性不但肩負照顧家庭的責任，也有不少人在各行各業中嶄露頭角，尤其為了信仰，他們不惜一切地護持教法的傳承、道場的運作，這種精神不是菩薩，又是什麼呢？就算是不提多年來台灣出家眾中，比丘尼所占的比例與分量有多大，他們「上求佛道，下化眾生」的發心，早已成為台灣佛教發展的重要支柱。因此我想，以這部《妙慧童女經》來向佛教中的所有女性致敬，自是再好不過的了。

● 八歲幼女　座中問佛

妙慧童女是古印度摩揭陀國王舍城人，父親是有名的長者。八歲時，佛陀在耆闍崛山的講經法會，他就經常在座。年幼的妙慧，面貌秀麗，舉止端莊溫和，因此佛陀座下的弟子，無論是聖德的長老，或是年輕的比丘，沒有一個不喜歡他，尤其是比丘尼僧團，對於妙慧童女更是喜愛萬分。

即使妙慧童女尚屬年幼，卻極具善根。有一次，佛陀陞座說法，他不慌不忙、從從容容地走到佛前，頂禮三拜，右繞三匝，繼之長跪合掌，對佛陀說道：「偉大無比的佛陀！您是世間的明燈，可以照開眾生心地的黑暗，弟子對於菩薩所做所行，尚未能完全了解，想懇求佛陀為我解答！」

佛陀一看，原來是妙慧童女，知道他為眾請法的發心，就歡喜地告訴妙慧：「太好了！你既然發大心向我提問，現在就讓你隨意發問吧！」

● 十大問題　震驚全座

佛陀同意妙慧童女提問之後，妙慧心中無比歡喜感恩，把握殊勝難得的因緣，一連向佛陀提出了十個問題：

請問佛陀：用什麼方法，才能獲得端正的身體？

請問佛陀：如何獲得大富尊貴之身？

請問佛陀：怎樣才能使眷屬免除離散不和呢？

請問佛陀：有什麼辦法能在佛前得受化生，不受父母所生的無常不淨血肉之身，和您一樣坐在大寶蓮華之上？

請問佛陀：怎樣才能證得自在神通，隨意遊行無量國土，禮敬諸佛？

請問佛陀：如何才能處世沒有怨仇對頭？

請問佛陀：我們所說的話，如何才能教人一聽就信受呢？

請問佛陀：我們修持佛法，宣揚佛法，怎樣才能免除障礙呢？

請問佛陀：如何降伏心裡的煩惱魔障呢？

請問佛陀：當我們一期生命終了，如何才能得見諸佛，往生佛國，聽聞清淨之法，不受一切苦惱？

● 佛陀開示　十個問題

佛陀聽後，甚是嘉許妙慧童女提出的十個問題，進而對他的每一個問題，各開示了四個方法：

問：如何得到端正的身體？

答：一、對惡友不起瞋心；二、安住於大慈悲中；三、歡喜修學正法；四、造佛形像。

問：如何得到富貴？

答：一、應時布施；二、不起輕慢心；三、給人歡喜；四、不希求果報。

問：如何免除眷屬離散、多病和死亡？

答：一、不說離間的語言；二、度脫邪見眾生於正信；三、護持正法，令其久住；四、教諸有情行菩提之道。

問：如何不受父母肉身而得佛應身？

答：一、於如來塔廟供奉華果；二、不妄自損害他人；三、鑄造佛像；四、對佛菩薩深生淨信。

問：如何證得神通，遊諸佛土？

答：一、見他修善不為障惱；二、他說法時未嘗留礙；三、燃燈供養如來；四、於諸禪定常勤修習。

問：如何沒有冤家仇敵？

答：一、以無諂心，親近善友；二、於他勝法，無嫉妒心；三、他獲名譽，心常歡喜；四、於菩薩行，無輕毀心。

問：說話如何令人起信？

答：一、言行一致；二、於善友處不掩飾諸惡；三、聞法不求過失；四、於說法者不生惡心。

問：如何才能遠離法障？

答：一、持三律儀戒；二、聞甚深經不生毀謗；三、見初發心者生一切智心；四、對諸有情大慈平等。

問：如何降伏煩惱魔障？

答：一、了知法性平等；二、常行精進；三、常勤念佛；四、一切善根皆悉回向。

問：如何能得臨命終時諸佛現前？

答：一、滿他所求；二、於諸善法深生信解；三、於諸菩薩施莊嚴具；四、於三寶所勤修供養。

• 種種神異　令眾歎服

佛陀對妙慧童女開示了獲得幸福的方法後，妙慧童女歡喜雀躍，發願奉行，並且說：「四十行中，若有一行不修，則違佛教，就是欺誑如來。」

妙慧童女發廣大願，座中的目犍連尊者不禁問道：「妙慧童女！你知道菩薩修行是難行能行、難忍能忍嗎？今日發如此殊勝大願，果真能做到嗎？」

妙慧童女心平氣和地回答：「尊者！假若我的弘願真實不虛，能夠做到諸行圓滿，那麼，願此三千大千世界六種震動，天雨妙華，天鼓自鳴。請尊者印證吧！」

妙慧童女話一說完，果真三千大千世界六種震動，天空華雨繽紛，鼓樂和鳴，在座的大眾身體皆變成金色。

文殊菩薩見到這種種神異，也感到不可思議，便對妙慧童女提出許多問題。例如：什麼是菩提行？什麼是佛法的密意？妙慧童女都一一予以回答。

佛陀在他們停止問答後，說道：「文殊菩薩！妙慧童女已於過去生中發菩提心，經三十劫後，我才發心趣入無上菩提。難道你記不得了嗎？他還曾做過你的老師，令你住於無生忍！」

文殊菩薩經佛陀這麼一說，恍然大悟，歡喜地從座位中起身，對妙慧童女頂禮說道：「大德！我於往昔無量劫前已曾供養，想不到今日還得以親近！」

從妙慧童女的故事看來，年少的妙慧得文殊菩薩頂禮，足見其來歷不凡。因此，對於女性，我們固然不能輕視，就是對於初學、年幼者，也一樣不可以傲慢，他們過去生成就的種種福德因緣，並非我們今日所能知。

總之，無論是女性、初學或年幼之人，在佛教中都各自有其地位；只是由於過去社會風俗重男輕女，才影響到當時人們的想法，以為一定要轉女成男才可以成佛。就好比文殊菩薩覺得妙慧既已修行成就，理應現大丈夫相，為何還是女流之身，便問：「妙慧！你怎麼還不轉女身為男身呢？」

妙慧回答：「女人之相是了不可得的，還要轉什麼身呢？轉不轉男身，對我而言並沒有差別，女身只是因緣假合而已；我沒有分別心，也不執著此身，為何你要執著呢？」

從這裡，我們可以知道，無論是男相或女相，都只是度眾上的方便，佛菩薩為應眾生根器，而現不同身相。所以，佛教婦女不應妄自菲薄。正如妙慧童女所言：男女在形相上有別，在形體上有別，但在佛性上、真如上、人格上是沒有分別的。

這部《大寶積妙慧童女經》不僅作為「佛說妙慧童女經」，還可以作為「佛說現代童男童女經」，為現代的青年朋友們提供做人處事的建議。

其實，大家統統都是「妙慧童女」，對一切佛法要直下承擔，要知道一切法都是為我們而說的。只是往往有很多人不知道自己就是當機者。比方，一位老師在台上講話：「各位同學，大家要安靜，不要爭執，不要吵鬧；大家相處要謙虛、尊重、和平、有禮貌……」

但是才講完話，一下課，立刻就聽到外面大聲爭吵的聲音。老師說：「剛剛不是才叫你們要肅靜、要尊重人嗎？怎麼不一會兒就忘記了呢？」

「老師！您什麼時候對我講的？」

「就是剛剛在大會堂講的啊！」

「這是您對大家說的，又不是對我說的。」

類似這樣的情況，也是一種愚痴。我們應該要有這樣的認知：「一切言語都是對我說的，不是對別人講的。」如此，聽進去的每一句話，才能深深地打動自己的心，未來的人生也才會有更大的進步空間。

• 現世富足　出世安樂

在這個世界上，每個人都希望活著的時候富裕無憂，往生後也能有好的去處，因為現世富足、出世安樂，就是一個成功的人生。

但是一個人要想成功，必定要先有健全的理念和計畫，即使只是經營一家小麵攤，也要有煮得好吃，讓人吃得歡喜的想法，甚至評估市場的地段，是否能招徠人潮；把這些條件統統都放在計畫裡加以考量，才能有致富的因緣。

所謂「理想是現實之因，現實是理想之果」，有理想、有願力，總有一天能成就。就如佛光大學「百萬人興學運動」，雖然護持者每個月只繳交一百元，但是結合百萬人的心力，點滴累積，就能形成一股相當大的力量。所以，我們要想成就「現世富足、出世安樂」的成功人生，就要先建立目標，繼而努力實踐。

妙慧童女對佛陀所提出的問題，總體來說，就是創造一個「現世富足、出世安樂」的成功人生。在「現世富足」的部分，包括了得端正身、大富尊貴、眷屬不壞、處世無怨、說話人信；在「出世安樂」的部分，則包括佛前受化生、命終見佛，而自在神通、法障淨除、永離魔業則是修持佛法時可獲得的利益。

佛陀針對妙慧所提出的十個問題，每一個問題都給予四個解決的方法；法門的核心理念是「菩薩行」，也就是大乘菩薩的行持。菩薩的特質，首要發「上求佛道、下化眾生」之願，並且兼具出世、入世的圓滿性格，所做所為非為私利，而是為了利益眾生。所以，我們要想在菩薩道上有所成就，必須先確立理念——創造「現世富足、出世安樂」的成功人生，是為了實踐利他服務的精神，不僅是求個人的享樂解脫而已，更求眾生的安樂解脫。

佛教把人稱為「眾生」，意謂「眾緣和合而生」。世間上沒有一個人可以單獨存在，要存在，一定要靠大眾相互依存，有了大眾的因緣成就，個人才能存活。

眾，蘊含著一個非常美好的意義，舉凡「眾生平等」、「以眾為我」、「大眾第一」，在在都說明有了「眾」，才能「眾擎易舉」。就如佛經所述，任何一場法會，任何一項事業，都要有「眾成就」；因此，一個人要想成功，就要融入眾中。

人的行為造作，會引起各種善惡業報，因而造成人的命運有所不同。不過，命運不是定型的，是可以改變的。為了一個人，可以改變命運；為了一件事，可以改變命運；為了一句話，可以改變命運；為了一塊錢，可以改變命運；為了一個念頭，可以改變命運。例如以前有一個小沙彌，原本只有七天的壽命，因為「救蟻」的善念善行，七天短暫的生命轉而活到八十歲。

所以，命運不是定型的，透過修善、修福都能改變命運。因此，我們要以行善修福，以「眾成就」來經營人生。一旦我們發心了，就是一個菩薩，再遵循佛陀教導的幸福之道去做，必然能成就「現世富足、出世安樂」的理想。

序章——妙慧大哉問

• 佛光普照一切

如是我聞：一時，佛在王舍城耆闍崛山中，與大比丘眾千二百五十人、菩薩摩訶薩十千人俱。

本經說法主是本師釋迦牟尼佛，說法的地方在王舍城耆闍崛山中，聽眾有大比丘一千二百五十人，大菩薩有一萬人，菩薩包括在家、出家、男眾、女眾。

佛經中常提到王舍城，關於這座城市的由來，有一個很特別的故事。

佛陀在世的時候，摩揭陀國的國王頻婆娑羅王是一位賢能的君主，對待人民很慈愛，國內的老百姓都快樂地生活著。可是這座城裡都是以茅草建造的房屋，經常發生火災，三天兩頭不時地就傳出火警；往往東邊的房子一燒起來，就一路燒到西邊的房子，一不小心可能整座城市就要被燒光，因而弄得人心惶惶不安。

面對這種情況，頻婆娑羅王也想不出什麼好辦法，只能和群臣們商量，以更嚴厲的方式懲罰肇事的人，讓大家更加小心火燭。於是國王下了一道命令：「以後哪一戶人家發生火災，就要搬到城外無人的森林居住，不能再待在城裡！」

原以為老百姓都會因此而更加謹慎，可以暫時鬆一口氣了，沒想到過兩天又失火了，而且是從王宮裡開始燒起來的。火勢之兇猛，一下子就把半個王宮給燒毀，這時國王真是欲哭無淚，何況自己還是下了燒火逐城命令的人，更應該遵行，才能維持威信。於是他便履行承諾，搬到城外的森林去居住了。

國王搬走後，老百姓頓失依靠，群臣無主，國家也沒人領導，最後大家決定跟國王一起搬到森林去，重新打造一個新的王城。經過一番開墾後，原本荒涼的森林，變成了一座繁榮富麗的新王城，再也不受火災的威脅。為了紀念舊有的國都，國王便將森林命名為「王舍城」。王舍城，也就是日後佛陀經常前往說法的地方。

佛陀之所以選擇在此說法，捨棄人多豐樂的大城，一來是有感於頻婆娑羅王的虔誠之心，當佛陀還是悉達多太子時，頻婆娑羅王曾要分半個國家給他，並請求太子證悟後，一定要先來救度他；二來是佛法就像太陽的光明，平等普照世間所有萬物。

一般人聽到「耆闍崛山」，會覺得很陌生，但如果說到「靈鷲山」，就很熟悉了。其實，耆闍崛山正是著名的靈鷲山，地點位於當時印度中部摩揭陀國的王舍城東北方，因地質經過時間風化的結果，呈現鷲鳥的外形，所以就叫靈鷲山，簡稱靈山，或稱鷲峰。當時佛陀經常在此說法，幾部重要的大乘經典，像《法華經》、《大品般若經》等，就是在這裡宣說的。

現在，佛陀在此，要開始一段非常特別的講經說法，也就是我們來到這個世間上，如何為人處世，進而得到究竟解脫的方便法門。最令人驚歎的是，提問者竟是一位年僅八歲的童女——妙慧。

• 求法的珍貴

時王舍城有長者女，名為妙慧，年始八歲，面貌端正，容色姝好，諸相具足，見者歡喜；曾於過去無量諸佛，親近供養，種諸善根。

這部經的當機者是一位非常美麗、聰慧，年僅八歲的妙慧童女。這位年輕的小姑娘長得容貌端正、氣色紅潤，具備所有美好諸相，所有人等見到他，莫不欣然歡喜。之所以如此，正是他累世以來，親近、供養無量諸佛，種下種種善根，而感得的殊勝功德。

佛教中的相好端正，和一般人所謂的美貌是不同的，必須具備內在的美德，以及端莊的舉止。當時，年幼的妙慧，除了具有美麗的外表，更是一心向佛，經常跟隨父親到耆闍崛山聽聞佛陀講經說法，深受僧團大眾的喜愛。

佛陀時代，拘留國有一位婆羅門，名叫摩訶密，是一位有錢有勢的富豪，連國王都敬畏他三分，還拜他為國師。只是摩訶密雖然很有錢，為人卻吝嗇、貪心，一聽到有利可圖的事情，決不放過。

摩訶密有七個女兒，每一個都長得花容月色、貌如天仙，而且穿金戴銀，展現千金貴婦的姿態。摩訶密對這七個女兒深感驕傲，四處炫耀他們的美貌。

有一天，一個人和他打賭：「你讓你的七個女兒到全國的街道上行走，如果大家都說他們漂亮，我就給你一千兩黃金，如果有人說他們不美，換你給我一千兩黃金。」

摩訶密一聽，大為歡喜，心想：「誰會說我女兒不美的？」於是他當場就答應了這個賭約，隨後將女兒一個個打扮好，開始展開全國的巡迴遊行。三個月內所到之處，每一個人都大為稱許。最後摩訶密帶著七個女兒來到祇園精舍，想讓佛陀也讚賞一下。他對佛陀說：「佛陀！您到各國遊化，有見過比他們更美麗的女子嗎？」

佛陀回答：「我不覺得你的七位女兒美。」

摩訶密很生氣地說：「我走遍整個拘留國，大家都說他們美，來到舍衛國，為什麼您說他們不美呢？」

佛陀回答道：「世間上的人，都是以外表來做為美的標準，可是我認為真正的美是身不貪細滑，口不出惡言，意不起邪念。」佛陀這話說得摩訶密一時啞口無言。

佛陀對美的看法，足作為現代女性參考，不必過度迷戀外表或名牌，重要的是充實滋養內在的精神，若能如同妙慧童女般擁有智慧，才是最美。

時彼女人詣如來所，頂禮佛足，右遶三匝，長跪合掌而說偈言：「無上等正覺，為世大明燈，菩薩之所行，唯願聽我問。」

這段經文不僅清楚易懂，還間接說明了請法的態度。

所謂「人身難得，佛法難聞」，生而為人本就難得，能夠再有機會聽聞佛法，就更加珍貴了。因此，聽經聞法，當心生恭敬，才會有感應、有收穫。

向善知識、大德問法，如何才是恰如其分呢？

過去佛學院的同學來找我，總是一口就說：「師父，您什麼時候有時間，我們聊聊好嗎？」問話看似直接了當，卻不具善巧。所以，佛經裡許多當機眾問法，如妙慧童女向佛陀請法，正可作為我們學習的典範。

問法時，首先要給予讚歎，讚歎既是一種尊重，也是一分虔心。比方，一開口先說：「師父，您好辛苦、好慈悲，我知道您很忙碌，但是能不能給我一點時間，為我開示？」

也有的人這樣問：「師父，您什麼時候有時間呀？」其實這樣的問話，主旨不明，顯得輕忽草率，應該進一步提出具體內容，例如：「師父，我有一個問題想要向您請教。」

至於要問些什麼？如何問法呢？

年輕時，有一次我要去拜訪一間寺廟。過去在台灣，出門要找個地方吃飯都很困難，所以我就設想：如果十一點鐘到達拜訪的寺廟，人家知道我中午可以留下來吃飯，就會多準備一份飯菜；如果十二點以後才去，人家早已把飯煮好，見到我來，多了一個人，還要費心多煮一碗米，就很麻煩別人。

因此，等到我把時間都算好，就提早出發，希望能趕在十一點抵達。但是抵達之後，寺廟的法師不擅於問話，也不懂得我們委婉的心理，劈頭就問：「某某，你中午要不要在這裡吃飯？」

這句話一問，還真叫人難以回答。早期台灣的經濟不是很好，吃一碗飯很不容易，若開口說：「要在這裡吃飯。」還真是說不出口，好像我是特地來吃飯似的，實在很不好意思，所以只好回答：「不必麻煩、不必麻煩！」但是對方竟回應：「哦，你不吃？那我就不準備你的份了！」一點做人的客氣都沒有。

其實遇上這樣的情形，要是問人：「某某，你要不要吃麵？」或者：「你要不要吃飯？」都不好，應該肯定地說：「我去準備午飯給您吃。」或者：「我去煮麵給您用。」

總之，問話不能造成對方的為難，應該有一些巧妙的訣竅，否則話講得不當，還可能因此衍生出許多事端來。

妙慧童女在問法前，先頂禮佛足，順時針繞佛三圈，然後長跪合掌讚美佛陀說：「無上等正覺……」他以誠心表示對佛陀的尊敬，充分展現求法的精神和態度，以及對佛法的信心；這般對佛法的信念，便是成就佛道的祕訣。

「無上等正覺，為世大明燈，菩薩之所行，唯願聽我問。」意思就是：無上正等正覺的佛陀，您的功德如世間的大明燈，我想請問您應當如何行菩薩行，願佛陀您能讓我請教！

妙慧問法，表現得體合宜，請教問題時，能以讚歎語作為開場，這就是善巧。

說到讚歎語，要怎麼說好呢？其實，讚歎別人是可以有各種變化的。例如在佛光山，佛光人的工作信條是「給人信心、給人歡喜、給人希望、給人方便」，很多信眾初次來山，都會讚歎殿堂莊嚴；法師氣質出眾、有威儀；佛光人笑容滿面，具親和力。也有人讚歎擔任義工的師兄師姐，就算再忙，也沒有一句怨言。

有一次，一位擔任知客的徒眾告訴我：「客人來時，我第一句話都是說：『您是第一次來嗎？』」

因為這位知客的問話很平常，不易讓人產生特別的感覺。所以我就告訴他：「問話要有一點變化，要有同理心。」

他則是老實地告訴我：「我不知道怎麼個變法？」

其實，除了「第一次來」這句話以外，還有很多話可以說，像是：「歡迎您，請坐。」「這裡有書，您可以拿去看。」「請喝茶。」「等一會兒在這裡吃飯。」「您對本山都了解嗎？」「我能為您服務什麼嗎？」問話的內容多得是，只要你肯用心去思惟，就能給初進山門的客人一個方便的接引。能講出十句不同的開場白，你就很高明了。

法國大文豪莫泊桑最早禮福樓拜為師，向他學習寫文章。福樓拜指示他說：「你先到橋上去觀察人來人往，只要能寫出其中一百個人的樣貌和特色，我就教你寫文章。」於是莫泊桑遵照老師的教導，認真地記錄下每一個從橋上經過的人：那個人急急忙忙地過橋、這個人長得胖胖地、那位小姐瘦瘦地，乃至於個子多高、穿了什麼服裝等，他也都寫下來。雖然要寫出一百個不同人的樣子並不容易，但是莫泊桑為了要學寫文章，也就非常用心地描述橋上每個人的動作、風姿、表情、服裝顏色等等。等到莫泊桑能為一百個路人寫出他們不同的特色之後，他再也不必去請教別人怎麼寫文章，自然而然就會寫了。

所以，要想學習寫文章的人，首先要能把人的不同樣貌描述出來。文章的起頭可以用各種不同的樣貌呈現，同樣的，讚美別人也有很多不同的方式。

一般人求發財、求名利、求升官很容易，但是求取佛法就非常不容易。因為佛法是稀有難得的無價之寶，並不是每一個人都能得到，要有累世的福報因緣，才有機會聽聞；所以，切莫以為聞法很容易。就好比佛陀因地修行，為雪山童子時，為求得「諸行無常，是生滅法」下一句的「生滅滅已，寂滅為樂」，不惜以身命去換取。

又例如印度有一位名叫善順的人，一心想要聽聞佛陀說法，途經險谷山道，被婆羅門綑縛，並用玻璃引太陽光燒灼，還恐嚇他說：「想求得釋迦佛法的人都會有此等結果。」不過，善順雖然遭受苦刑，卻一點也不灰心、懼怕，幾小時後，眼看就要被活活燒死了，想到求法之事，心切意誠，便掙斷綑縛在身上的繩索，並對婆羅門說：「來求正法的我，是不怕被你們迫害的，就算你們有再多的人來，我也不怕！」婆羅門被他的勇敢、真誠所感動，最後予以釋放。最終善順也來到了給孤獨園，聽聞佛陀說法得道。

另外，玄奘大師赴印度取經的「寧向西方一步死，不回東土一步生」、雲門禪師腿子被壓斷、百丈禪師被刮耳聾、密勒日巴將身口意供養師父等等，也都是求法心切最具體的表現。就是在古代叢林裡，聽法者只可在講主脇旁偏坐，或是求戒時，戒子對戒師三請三叩，都是表示謙卑之意。因此，妙慧請問佛陀「如何做菩薩」，如此珍貴的佛法，當然要表露求法的虔誠態度了。

● 自利利他的菩薩

說到「菩薩」，菩薩在因位修行，就如同是菩提道上的學生。學生有層次的不同，比方小學的學生稱小學生，中學的學生稱中學生，高中的學生稱高中生，大學、研究所的學生稱大學生、研究生；雖然都是學生，可是一個小學的學生和一個研究所的學生，差距還是很大。菩薩也是，菩薩從初發心菩薩一直到等覺、妙覺，一共有五十二個階位，就好比有五十二個年級，要經由自己努力修行，精進不懈，才能圓滿果位。

「菩薩」的梵文是bodhisattva，音譯為「菩提薩埵」，略稱「菩薩」。「菩提」意即「覺悟」，或指「正覺的智慧」，「薩埵」為「有情」或「眾生」，因此一般將「菩薩」解釋為「覺有情」或「大道心眾生」。

「覺有情」有兩層含義：一是指能夠精進向上、追求無上菩提覺悟的有情，也就是自受用、大智慧的完成，為求道的菩薩；二是指能夠修持種種波羅蜜、普利三根，使眾生覺悟的聖者，也就是他受用、大慈悲的顯現，為化生的菩薩。

所以，菩薩既懷有出離塵寰、追求真理的出世性格，另方面也充滿悲憫眾生、救拔倒懸的入世熱忱，是「上求佛道，下化眾生」自利利他的聖者。

其實每個人都可以做菩薩，菩薩不只是供奉在供桌上給人膜拜的泥塑雕像，而是活生生、活潑潑，為人服務、為人奉獻的你和我。一個人能發菩提心，表示能承擔，也就是菩薩。

我們學佛，要先學做菩薩。所謂「先天下之憂而憂，後天下之樂而樂」，這就是菩薩的精神。做一個菩薩，並不是一個人躲到山林裡打坐念佛修行，菩薩道最重要的是在眾生身上修，要能經得起時間的淬鍊，要能把自己的所有，和大家一起共有、共存、共融；果能如此，才是真正的菩薩。
佛告妙慧：「今恣汝問，當為解說，令斷疑網。」
爾時，妙慧即於佛前，以偈問曰：
云何得端正，大富尊貴身？復以何因緣，眷屬難沮壞？
云何見己身，而受於化生，千葉蓮華上，面奉諸世尊？
云何能證得，自在勝神通，遍往無量剎，禮敬於諸佛？
云何得無怨，所言人信受，淨除於法障，永離諸魔業？
云何命終時，得見於諸佛，聞說清淨法，不受於苦惱？
大悲無上尊，唯願為我說。
佛陀告訴妙慧：「現在隨你所問，我當為你解說，斷除疑惑。」
這時，妙慧便在佛前，以偈語問道：

怎麼樣才能得到端正的相貌？

怎麼樣才能坐擁大富大貴？

以什麼樣的因緣，才能使眷屬和諧、團結、友愛？

怎麼樣見到自己化生於千葉蓮華上，供養諸世尊？

怎麼樣才能證得自在神通，遍及無量佛土，禮敬一切諸佛？

怎麼樣才能沒有怨恨？所說的話，眾人都相信，淨除一切我障、法障，永離一切魔業？

怎麼樣在命終的時候，可以得見諸佛接引，聞說清淨法，而不受種種苦惱？

大慈大悲的佛陀，只希望您能為我解說。

● 一切美好的開始在學會讚歎

爾時，佛告妙慧童女言：「善哉！善哉！善能問此深妙之義。諦聽！諦聽！善思念之，當為汝說。」妙慧白言：「唯然！世尊！願樂欲聞。」

在這段經文裡，釋迦牟尼佛跟妙慧童女說：「你問得很好，所問皆是深妙之義。現在你可要仔細諦聽，並加強思惟它的意涵，我要為你解說了。」

妙慧童女回答：「是的，佛陀，我歡喜聽聞。」

過去有一段時間，我為弟子、學生教授「讀藏指導」。有一次，我問大家：「每天晚上為你們講說讀藏指導，你們高興聽嗎？」

他們都說：「講得還不錯！」

但是我一聽卻感到很失望，心想：只是「講得不錯」而已嗎？難道講一句「我好喜歡聽」、「講得好」或者更好一點的話都不會說嗎？

許多人吝於布施善言美語，這是因為他心中擁有的美好財富太少了。讚歎是重要的修行法門，佛弟子面對三寶時，以梵唄唱誦來加以讚歎；每部經典的後面，也都有弟子聽經聞法後「歡喜讚歎，信受奉行，作禮而去」的描述。釋迦牟尼佛當初與彌勒菩薩同時修行，只因多修了一項讚歎法門，就比彌勒菩薩早九劫成佛，由此可見，讚歎是多麼地重要！

當今的國家社會需要多加讚美，家庭個人也需要多說好話。有科學研究指出，對花草多讚美，它們會長得特別漂亮。讚美不用花錢、花力氣，卻能增添人間善美的好事，尤其在供養功德當中，隨喜是最容易、最快速，也是最方便獲得功德的方式，何樂而不為呢？

什麼是隨喜？就是隨口讚歎他人，別人做了好事、得了好運、有好的成就、去了好的地方，我們都樂見其成，開心地祝福別人；這是一種正向、光明的生命態度。

人與人相處，產生摩擦的原因很多，主要就是給予對方的鼓勵、讚美太少，造成部屬求去、朋友疏離，實在是做人處事上最大的缺陷，所以人與人之間要懂得互相讚美、欣賞。佛法，姑且不去談它深奧的義理，若能奉行其淺顯易懂的道理，諸如「讚歎隨喜」等，也就能帶給人歡喜快樂了。

就好比參加體育競賽的人，需要很多人給予掌聲，才能幫助他發掘本有的潛力，乃至於國家頒發的獎章、獎狀、獎金，各種的榮譽，也都是為了讚美好事，給人信心。沒有力量的人，因讚美鼓勵而能產生信心；灰心失意的人，因暖言慰喻而能振作精神，更何況與人廣結善緣，也能為自己帶來方便，所謂「人我一體」，成就他人就是完成自己，何不為之呢？

經文中，妙慧童女讚歎佛陀功德圓滿，佛陀進而為他殷殷說法，所謂一佛出世，諸佛讚歎擁護，在世間為人處世又何嘗不然呢？只要我們學會讚歎，美好的因緣往往從此開展。

幸福第一道——怎樣能得到端正美麗的外貌？

佛言：妙慧！菩薩成就四法，受端正身。何等為四？一者、於惡友所不起瞋心；二者、住於大慈；三者、深樂正法；四者、造佛形像。

一個人相貌端正莊嚴，容易取得他人好感，進而攝受度化對方。就好比我們所看到的佛菩薩像，都是法相莊嚴，散發慈悲之美，讓人看了不禁要心生歡喜。而這都是由於佛菩薩在因地修行時成就了以下四法，所感得的果報。

●一——不起瞋恨心

佛教講「怨親平等」，遇到不友善的人、不如意的環境，聽到不入耳的語言，要能給予包容。學佛要先學處世，所謂「做事要做難做之事，處人要處難處之人」，事情難做，交由我來做，就是能承擔；不好相處的人，與他融和無礙，就是會做人。處世能有這種大丈夫的氣概，人生就會有進步。

過去，有一間禪堂裡遭小偷，同參向堂主報告，希望堂主能開除他，沒想到，堂主只是輕聲回應：「喔！」並沒有採取任何動作。

過不久，小偷又再偷竊，大家開始起鬨，再次報告堂主，但堂主還是沒有開除他；而後小偷又再偷，大眾實在忍無可忍，就對著堂主高喊：「堂主既然不開除他，那就我們離開吧！」不得已，堂主只有答應讓他們統統都離開禪堂，並淡淡地說道：「你們人格都很健全，到哪裡都可以生存，小偷心志不健全，如果連禪堂都不能接受他，社會如何容納他呢？」小偷聽了非常慚愧，從此以後便改過自新。

面對世界上不健全的人，只要我們心量寬大，就可以感化人。所以，包容是世間最美好的事，給別人一點空間、一點諒解、一些包容，對自己、對他人都會有幫助。用包容的心看待一切，一切就在我們的心中，世界就是我們心裡的世界，眾生就是我們心裡的眾生；反之，不能包容，心生瞋恨，也就要紛爭不已。

說到「瞋心」，綜觀生氣的人，哪個是美麗的？他們面露兇光，口出惡言，看起來就像鬼魅一般，令人不喜，當然就談不上所謂「端正」了。

《大智度論》云：「瞋恚其咎最深，……諸心病中，第一難治。」瞋心是心病之一，尤其是心病中第一難治。所謂「一念瞋心起，百萬障門開」，大自然界中，地動是可怕的，風動也很可怕，但心中的瞋火一動更可怕。人的瞋心一起，往往失去理智，顧不得人情義理。

《佛遺教經》說：「瞋心甚於猛火，常當防護，無令得入。劫功德賊，無過瞋恚。」瞋恨心猶勝過猛火的威力，不但使人無法得到端正之身，甚至毒害法身慧命，燒盡善根功德，實為障道因緣，所以人人都應謹慎防護。

有一天，舍利弗見到一位久未謀面的朋友，甚為驚訝地說：「哎呀，你是怎麼了，面相怎麼變得這麼兇惡？」

朋友回答：「我最近正在雕刻羅剎鬼面。」

所謂「誠於中，形於外」，由於不斷地揣摩羅剎青面獠牙的形狀，面容也就逐漸變得兇惡起來了。後來，這個人在舍利弗的建議之下改刻佛像，因為時常憶念佛像的莊嚴，人漸漸地就變好看了。之後他和舍利弗再見面，舍利弗歡喜地說：「哎呀，你現在變得好莊嚴啊！」

所謂「萬法唯心造」，心可以改變人的形相，一個人經常起瞋心，就會面露兇相；心存柔軟，則也會給人慈祥的感覺。經上也說：「心如工畫師，能畫種種物。」我們的心能將自己雕塑成賢聖或凡夫，因此，要想成就一個什麼樣的人生，只有靠自己去塑造。

有一個小姐要跳河自殺，剛好給一個老和尚看見了，把他救上岸來。

小姐傷心地說：「你不要救我，我活在世間一點意義都沒有，父母把我生得這麼難看，村裡的百姓都不喜歡我，閒言閒語實在讓我受不了呀！」

老和尚就說：「人的生命有兩個，一個是自私的生命，一個是為眾的生命。凡事只想到自己的人，就是自私的人，剛才那個跳河自殺，自私的人已經死了，從現在開始，你要做第二個生命，不要只想到自己，要多為別人設想。」

這位小姐聽了老和尚的慈悲開示之後，欣然接受老和尚的教導，從此，只要見到老弱殘障，就會主動前去服務，因而博得大家的讚賞：「你好有愛心！」「你好發心！」「你對人這麼好！」

他一聽，心懷歡喜，漸漸地，面相也改變了，精神顯得飽滿，氣質變得優雅，村莊上一位有為的青年開始對他展開追求，後來兩人結為連理，鄉長還特地前來為他們祝賀。

一個人若能減少瞋心，生命就會隨之昇華。所以，遭人怨怪時，不必急於怪罪世間人待我不好，換個角度想：是我的慈悲心不夠、我的柔軟心不夠、我的恭敬心不夠、是我太過自私……心念一轉，態度一變，心胸就會變得寬闊起來了。

● 二——安住在慈悲中

如何得到端正身相？除了不瞋，還要住於大慈之中。慈，是給予眾生快樂；大慈，就是隨時隨地給予一切眾生快樂，沒有親疏遠近之分。不瞋，是消極不生心病的方法，住於大慈，則是積極治療心病的藥方。

所謂「心猿意馬」，平時我們的心總是如猴子般跳來跳去，像馬一般躍動不停，要如何才能安住身心呢？

《金剛經》中，長老須菩提問：「云何應住？云何降伏其心？」佛陀言：「不應住色生心，不應住聲香味觸法生心。」也就是要我們不以六塵的境界來安住自己，因為六塵的境界（色、聲、香、味、觸、法）是會改變的。好比看戲，戲有落幕的時刻；又如美色，美色會隨著時間的變化而逝去。那麼，應該安住在哪裡呢？《入菩薩行論》有句話：「眼看眾生時，誠慈而視之。」就是要我們安住在慈悲中。

俗話說：「仁者無敵。」在佛教來說，也就是慈悲沒有敵人。瞋心生起時，慈悲是最好的對治方法，慈心能降伏一切惡事。惡人以棍棒打擊我們，用拳頭揮打我們，若再回以棍棒、拳頭，不就和他一般見識？反之，一個人能展現慈悲的風度，同情、寬恕惡人，才能真正地降伏對方；所謂「柔能克剛」，慈心才可以降伏一切邪惡的力量。所以，我們要在慈悲上安住，在仁愛上安住，在恭敬上安住，在和平裡安住；有佛法之處，就是我們安住的所在。

慈航菩薩曾對我說過一個關於他自己的故事。當年他在鼓山擔任衣缽（叢林中的職事名稱）時，有一次上廁所忘記帶衛生紙，就向隔壁如廁的一位茶房頭索取，這茶房頭是個壞心眼的人，竟把用過的衛生紙遞給慈老，弄得他一手骯髒。茶房頭這樣捉弄人，換作別人一定很生氣，可是慈老沒有，過了也就算了。

有一天，慈老正在搬寮房，那位茶房頭來了，慈老對他說：「你來得正好，請你幫我看守一下東西，我把這條棉被先搬過去，馬上就來。」

不一會兒，慈老回來，發現他抽屜裡的壹百元銀洋少了六、七十個，正當覺得奇怪時，心裡想：這若不是茶房頭，還會有誰呢？但想到揭穿了他的惡行，必然對他的名譽會有很大的影響，錢少了會有再來的時候，但失去名譽的人，又怎麼恢復清白呢？想到這裡，慈老也就裝做不知道。

過了一會兒，茶房頭向慈老告辭，臨別時，慈老拿出十五塊銀洋送給他，茶房頭卻不肯接受。於是慈老就說：「人生要互相幫助，現在我當上了衣缽，每月可以領到二十元的單銀，你拿一點去用沒有關係。」這麼一說之後，茶房頭才願意接受。

不久，寺中很多人紛紛懷疑茶房頭哪來這麼多的錢，但是茶房頭逢人就說是慈航法師送給他的。當中有人就跑去問慈航法師事情的真假。如果換作別人，早就揭發茶房頭的竊盜惡行了，但寬宏大量的慈老，始終不肯說一句茶房頭的不好。

佛法的根本是慈悲，古云「不忍人之心」，也就是慈悲。慈悲，不一定你是我的親眷，或是我的同鄉、同學、同事，我才對你好；沒有任何因緣關係的人，我也要對他慈悲。將一己的私愛，昇華為對一切眾生的慈悲，也就是「無緣大慈，同體大悲」了。

● 三——歡喜有益於人的正法

在佛教裡，宇宙萬有，無論是大如三千世界，或是小如芥子微塵，都稱之為「法」。正法，即正確的法，不偏不倚、中道之法，也就是能讓人開法眼、生智慧、得涅槃的佛法。像是因果輪迴、緣起性空，乃至苦、集、滅、道（四聖諦），諸行無常、諸法無我、寂靜涅槃（三法印），慈、悲、喜、捨（四無量心）等等。

簡而言之，有益於人的，就是「正法」；無益於人的，就是「非法」。一個人的未來如何，是正是邪，關係重大。人之所以煩惱痛苦，往往由於自己經常在「非法」之中打轉，例如貪財、貪名、貪利等等。欲壑難填，人生又怎麼會不苦呢？

雖說吾人應樂於正法，可是許多人不僅在非法中打轉，還歡喜聽聞邪法。像現在的報章媒體，每天盡報導些胡作非為、八卦緋聞等負面新聞；你做好事，他不替你發表，你做壞事，他就大肆報導。問他為什麼這麼做？得到的答案都是：觀眾喜愛！

過去，有一位記者為了佛光山和山下農民過路的糾紛，特地上山來採訪。當時，我們準備了許多的剪報和資料提供給他參考，並且告訴他，佛光山最初是沒有這條道路的，因為佛光山是私有地，一般人不能隨意進出，不過由於我們是佛教徒，基於慈悲的精神，也就在邊界開了一條便道給農民出入。

可是第二天，文章一發表，這位記者竟然寫說佛光山要把路堵起來，不給人方便，山下的農民也就紛紛前來向佛光山抗議。事後，我問記者：「你怎麼可以這樣報導呢？」

他說：「我報導佛光山好，沒有人看，一定要說佛光山不好，大家才比較愛看呀！」

俗話說：「好事不出門，壞事傳千里。」人心最壞的就是歡喜聽人說壞，不歡喜聽人報好，但是我們學佛的人，應該要歡喜聽到人家做好事，歡喜聽聞正法，而不歡喜邪法、邪道。

過去有一位沙彌晚歸，不得進入城中，便在城外的樹下打坐，等待明日到來。三更半夜，突然來了一個面目猙獰的惡鬼，要將他給吃掉。

沙彌面臨生命危險之際，鎮定地說：「我和你沒有冤仇，又相隔這麼遙遠，你為何要吃我呢？」

惡鬼一聽，心生疑慮，就問沙彌：「為什麼說你和我相距很遠？」

沙彌回答：「我是修道人，你吃了我之後，我會往生西方極樂世界；但是，你的惡念惡行，卻一定讓你墮入地獄。這不就相隔遙遠了嗎？」

惡鬼聽了沙彌的話之後，知道邪不勝正，便慚愧離去。

一個人不能奉行「正」道，走入了「邪」道，也就很危險。所以，在佛教裡，所謂的「八正道」，就是教人要奉行八種正法：正見，即正確的人生觀；正思，即正確的思考；正語，即正直的言語；正業，即端正的行為；正命，為正當的工作；正精進，是正當的勤奮努力；正念，是清淨的意念；正定，是正確的定力。

「八正道」是生活中，人人應當遵行的道德準則，吾人若能深樂正法，便能建立圓滿的人生了。

• 四 —— 恭敬諸佛，即心即佛

為什麼要造佛的形像？難道是佛要大家到處打造他的形像、膜拜他的形像？其實，造佛形像並不是樹立偶像崇拜，而是提醒我們「即心即佛」，人人都有佛性；是為了提醒我們經常憶念佛陀的德行，進而顯發內在的佛性。

說到「造佛形像」，最早的佛像是怎麼流傳下來的？經典上說，有一年結夏安居，佛陀忽然不見了，大家都不知道他上哪裡去。有人就請問阿那律尊者，阿那律以天眼通觀察，發現原來佛陀為了報母恩，上忉利天為母親說法去了。

四眾弟子中，最想念佛陀的莫過於俱曇彌國的優填王，因為過度想念佛陀，而生了一場病。所有大臣為了治療國王的病情，紛紛商量醫病之道，最後大家一致通過聘請有名的工匠來雕刻佛陀的聖像。

優填王聽了大喜，立刻請神通第一的目犍連尊者，以神通力帶領工匠上達天宮，前後歷經三次，最後終於完成了史上第一尊以旃檀雕刻的佛陀聖像，優填王也因此病癒了。

我們修行，瞻仰佛陀聖像，可以啟發我們的信心，幫助我們的修持；禮拜佛陀慈悲莊嚴的聖容，可以止息我們心中的貪瞋妄念，而使行為端正不放逸。

所謂「精誠所至，金石為開」，當我們對聖像心生恭敬，自然就會有所感應，但是有些人卻誤以為佛教崇拜偶像，其實，最沒有偶像觀念的正是佛教徒，禪宗著名的「丹霞燒佛」公案，就是最好的證明。

話說丹霞天然禪師在一間寺院裡掛單，當時正值嚴冬，大雪紛飛，丹霞禪師取下佛殿上的佛像要來烤火取暖，糾察師見狀，大聲斥責：「你膽大妄為，竟敢將佛像拿來燒火？」

丹霞禪師從容不迫地回應：「我是在燒取舍利，不是烤火。」

糾察聽後更加生氣，大聲怒斥：「木頭怎麼可能燒出舍利？」

丹霞禪師淡淡回應：「既然是木頭，何不再多拿一些來燒？」

由於糾察師沒有認識佛性，而認為丹霞禪師燒佛不應該。其實丹霞禪師覺悟「心佛眾生，三無差別」的道理，才是真正認識佛陀的人。

不過，對於一般人來說，「偶像觀念」還是必要的，一個人如果沒有偶像，又如何「見賢思齊」呢？所以，外在的偶像是我們與佛接心的過程與方便，可以啟發我們心中的佛心佛性。經常看佛、拜佛，心中沒有雜念，無形當中，氣質改變了，身相也會隨之變得端正。

爾時，世尊而說偈言：「瞋壞善根勿增長，慈心樂法造佛形，當獲具相莊嚴身，一切眾生常樂見。」

佛陀悟道後，為了讓眾生了達宇宙實相，而將深奧的真理，以十二種體裁深入淺出地宣說。即：長行、重頌、記別、諷誦、自說、因緣、譬喻、本事、本生、方廣、未曾有、論議等十二部經。

所謂「重頌」，是將教義用詩歌方式寫出的偈語。我們常說「唱的比說的好聽」，一方面韻文體的歌詠比較悅耳好記，另一方面，則是為免聽者不解，而用詩歌體裁重複述說一次。此處佛陀以偈言，再次叮囑：「瞋心會毀壞我們的善根，千萬不要讓它增長。將身心安住在大慈悲中，深樂正法、護持正法、造佛聖像，使之流傳於世，供人瞻仰，如此必能獲得莊嚴身相，所有眾生都將歡喜樂見。」

幸福第二道——怎樣能得到富貴圓滿的人生？

復次，妙慧！菩薩成就四法，得富貴身。何等為四？一者、應時行施；二者、無輕慢心；三者、歡喜而與；四者、不希果報。

很多人認為佛教徒不應該追求富貴，而應該追求心地上的開悟，所以要安貧樂道。但是為什麼佛陀在這裡要說「菩薩成就四法，得富貴身」呢？

此部經典，談的是世出世間的圓滿、前三講所提的「受端正身」、「得富貴身」、「眷屬不壞」，都是現世受用的圓滿。有了這樣的圓滿作為基礎，也就能讓菩薩在世間上沒有障礙，無後顧之憂地行菩薩道而成就了。

說到富貴，社會上有些人生活過得十分艱辛，心中不免怨嘆：世間上，有的人要錢有錢、要愛情有愛情、要事業有事業、要大樓有大樓、要官位有官位，我怎麼都要不到呢？人的福報到底是從哪裡來的呢？

福報有福報的來處，福報不是偷來的，不是搶來的，不是妄想就有，更不是怨恨就可以獲得。福報從哪裡來？所謂「一分耕耘，一分收穫」，有的人勤勞節儉，所以福報便跟著而來；有的人歡喜跟人結善緣，凡事也就都有貴人相助，一切就都很順利。

你有播撒福報的種子嗎？如果沒有播種，又怎麼能開花結果呢？你對有利大眾的公益善事，都積極參與了嗎？如果沒有參與，怎麼會有你的一分福報呢？「廣結善緣」你實踐了嗎？有了善緣，好運就會隨之而來；沒有結緣，怎麼會有福報呢？一個人的福報有多少，是由自己決定的。

所以，要想得到富貴嗎？佛陀告訴妙慧要做到以下四點：

● 一——及時的布施

世界上，懂得布施給人的，最是富有；只會貪圖別人給自己的，最是貧窮。一般人，給自己很容易，給別人很難；但是，如果不播種，又怎麼會有收成呢？如果不給人，又怎麼會富貴呢？

也有很多人認為布施是施以錢財，窮人又怎麼有能力布施呢？其實，佛教的布施，有財布施、法布施、無畏布施。財布施是以衣服、臥具、醫藥等資身用物來幫助別人；法布施是用知識、技術、真理來教化人；無畏布施是維護正義法理，為社會除暴安良，給眾生精神安慰。

布施就是「給」，是世界上最美好的事。給人一句好話，給人一個微笑，給人一分心意，給人一點服務；善的「給」予，可以美化人生，淨化社會，維繫人與人之間的和諧。

所謂「應時行施」，也就是在恰當的時候做布施。在人家不需要的時候，你給他萬萬千千，只不過是錦上添花；反之，人家需要的時候，你怎麼也不給，那可真是一文錢逼死英雄好漢。所以，及時給人一點幫助，雪中送炭，才是布施的真義。

在我的理想，「各取所需」是人間最美好的境界，佛光山開山初期，我就是這樣奉行的。當初有二十個人跟隨我出家，每個月發零用金時，個人要用多少錢，都是任由他們各自取用，不固定金額多少。因為有的人自己就有幾千、幾萬元，這一百塊錢給他，他根本就不需要；而對沒有錢的人來說，做一件長衫要花一五〇元，買一雙鞋要花一二〇元，你給他一百塊錢還是不夠用，這麼做也就不是真正的平等了。

所以，平等是什麼？應各人所需，給予適當需用。於是我拿出二萬塊錢擺放在一道牆的背後，讓這二十個人各自去取所要花用的錢；當然，我不在現場看大家拿，你想要得到一百元的，就拿一百元；想要得到五百元的，就拿五百元；想要一千元的，就拿一千元。

因此，這些年我到大陸弘法，和人談起佛光山，常開玩笑說佛光山實行的是「社會主義」，各取所需，各取其用，讓每個人都感到無所匱乏，適得其有。

但是後來有人說這個方法行不通、不公平。原來有的人去取錢時，覺得反正沒有人知道拿了多少錢，師父也沒看到，就把兩萬塊錢統統都放到自己的腰包裡了。由此也就可以知道，菩薩道的修行還要有道德觀作為輔助。

佛教中，「應時行施」最好的例子，就是佛陀的弟子大迦葉。

身為頭陀第一的大迦葉，經常出入王舍城布施福祉。特別是他托缽的時候，總是遠避富豪而選擇貧窮之家。在大迦葉認為，貧苦之人由於經濟困難，雖然聽聞正法都很歡喜，卻無法得到行布施的福報，也就更應該給予布施的因緣。

在王舍城中，有位孤苦伶仃的老婆婆，白天，從東街流浪到西街；晚上，則隨意睡臥在小巷角落。有時，富家的傭人會將不要的洗米水倒給老婆婆，飢餓的老婆婆則以破瓦片盛裝。大迦葉知道老婆婆的處境之後，有一天特別前往拜訪。

尊者來到時，老婆婆挺起病身，一看是位莊嚴的乞食比丘，心想：難道比丘比自己還窮嗎？怎麼會來向他乞求供養？所以就向大迦葉尊者請問：「在這國中，沒有比我再貧窮苦惱的人了，難道世間上已經沒有一個仁慈的人願意供養沙門了嗎？你來找我乞食是沒用的，我還得靠別人救濟我呢！」

大迦葉回答：「今天我就是為了救濟你的貧窮，才特地來向你乞食的。我若用物質幫助你，雖可以免你一時之苦，但卻會更增加你的貧窮，不如你隨意把身邊的一點東西布施給我，以此功德，來世你一定可以生在富豪人家或生到天上。」

老婆婆被尊者的說教和慈悲給感動，但一時卻找不到一樣東西可以布施，忍不住就傷心哭泣起來。

大迦葉說：「老婆婆！有意布施的人，即非窮人；知道慚愧的人，也就是穿著法衣的人。你既擁有這兩種稀世之寶，也就不是貧窮的人了。看那些在世上占有金銀財寶的人，不知道布施，不懂得慚愧，才是極愚痴、極貧窮的人。」

老婆婆聽後，歡喜無比，忘記自己汙穢的身體，便將瓦片裡剩下的骯髒米水，捧給了大迦葉尊者，尊者恭恭敬敬地把它接受下來，並且立即就把米汁給喝了。

不多久，老婆婆離開人世，由於布施供養米汁的功德，往生忉利天宮，做了美麗的天女。有一次他念起前生的福業，想起大迦葉尊者的恩惠，便降下人間，將天華散在尊者的身上。

曾經，我訓斥某個徒弟後，他心裡很難過，就傷心哭泣起來。這時，另一個徒弟卻跑來跟我談話，還有說有笑。於是我就訓斥他說：「某某正在傷心，你為什麼不去安慰他，跟他講講話，給他鼓勵呀？」

他說：「師父！您沒有叫我去啊！」

所謂「應時行施」，這個「應時」很重要。見人受到責備，應及時主動前往安慰、鼓勵；對方心裡難過痛苦，而你卻顧著自己談笑風生，就不恰當了。所以，吾人應學習大迦葉尊者，「應時」安慰人、鼓勵人，無論做什麼事，都要把握住最好的一刻。

有一個人，一個月後要在家中請客，由於宴客當天需要大量的牛奶，他想應該先做好準備，才不會到時手忙腳亂，於是異想天開認為應該先把牛奶存在牛腹裡，等到宴客的日子到了，再一起取用，這樣不但省事，客人也可以喝到新鮮的牛奶。

有了這個想法之後，他把母牛及小牛分開，也不再天天擠牛奶。一個月後，宴客的時間終於到了，他把牛從牛棚裡牽出來。然而正當他要擠牛奶時，卻無論如何使力，一滴奶水也取不著，讓客人當場大笑不已。

佛教講「照顧當下」，所以，發心、實踐要及時。所謂「人生三間」，對於時間的控制、空間的安排、人我之間的處理，都要恰如其分。

雲居禪師曾說「十後悔」：「逢師不學去後悔，遇賢不交別後悔，事親不孝喪後悔，對主不忠退後悔，見義不為過後悔，見危不救陷後悔，有財不施失後悔，愛國不貞亡後悔，因果不信報後悔，佛道不修死後悔。」所以，無論做什麼事，一定要懂得掌握機緣，適時而行，才不致後悔莫及。

● 二──沒有輕慢心的布施

接下來的三點，「無輕慢心」、「歡喜而與」、「不希果報」都是在講布施時的心態。

布施是容易的，但要做到不輕視受施者，既無布施的我，亦無受布施的人及所布施的東西，也就是「三輪體空」的境界，那就不容易了。真正的布施，應如《金剛經》所說的「無相布施」，才是最高的境界。

過去出家人會到施主家裡化緣，但是有的施主總是口氣很差地說：「好啦！好啦！這次給你一萬元，下次不要再來了！」事實上，布施不在於錢財的多寡，而在於心意的真誠。布施時，不應以有對無、以富對貧、以上對下，而應以平等心布施，甚至還要感謝對方給我們修福修慧的機會。就如同齋主到寺院打齋，卻還要拜齋的道理一樣，我供養你吃飯，還要感謝你讓我有布施植福的因緣。

一個人要養成尊重他人、恭敬他人的態度，需要靠平時的修身養性來培養。這個社會，往往你好、你大、你富，他就嫉妒你；你愚、你小、你貧，他就看不起你。你行善，他就要批評你不是；你待人慈悲，他就要說你慈悲心不夠，諸如此類的惡習，皆由於輕慢心的造作。所以，吾人要想養成高尚的品德，對於任何人應該謙虛有禮，常說「請」、「謝謝」、「對不起」，並且時時讚美人、鼓勵人。

有一天，奕尚禪師從禪定中出定，恰巧遠處傳來陣陣悠揚的鐘聲，便專注地豎起耳朵聆聽。待鐘聲一停，禪師忍不住召喚侍者，問道：「早晨司鐘的人是誰？」

侍者回答道：「是一個新來參學的沙彌。」

於是，奕尚禪師就要侍者將沙彌叫來。沙彌一到，禪師就問道：「今天早晨你是以什麼樣的心情在司鐘呢？」

沙彌回答：「沒什麼特別的心情，只是為了打鐘而打鐘而已。」

奕尚禪師說：「不見得吧？你在打鐘時，心裡一定念著些什麼？因為我今天聽到的鐘聲，是非常和諧響亮的，那是正心誠意的人，才敲得出的聲音。」

沙彌想了又想，說道：「報告禪師！其實也沒有刻意念什麼，只是我初出家時，家師時常告誡我，打鐘的時候要想到『鐘即是佛』，必須要虔誠、齋戒，敬鐘如敬佛，用如如的禪心和恭敬禮拜之心來司鐘。」

奕尚禪師聽了沙彌的話，非常滿意，再三提醒：「往後處理事務時，不可以忘記保有今天早上司鐘的禪心。」這位沙彌也就是後來的森田悟由禪師。

森田沙彌雖小，但是司鐘時曉得敬鐘如佛，難怪長大之後，能成為一位大禪師。可見得，恭敬是學佛、做人不可或缺的要素，所謂「佛法在恭敬中求」，我們不僅對佛菩薩要心存恭敬，更要有不輕後學的雅量；傲慢自大者，要想獲得佛法寶藏，則困難矣！

凡事帶著尊重，心懷慈悲，視眾生、萬物如佛，則何事不能成？

• 三——喜悅的布施

做任何事情，帶著歡喜心很重要。一個人做事不歡喜，敷衍了事，則什麼功德都得不到，反之，做事做得歡喜，歡喜也就是最好的回報，甚至不需要什麼功德了。就好比至聖先師孔子，即便飯疏食、曲肱而枕之，依然享有「樂亦在其中」的歡喜。

歡喜心是一種正面的力量，一個人心裡有滿足，心裡有包容，心裡有智慧，心裡有信仰，就可以製造出歡喜的泉源。甚至歡喜在真誠裡，待人以真、待人以誠，真心誠意就有歡喜；歡喜在相互提攜中，朋友之間照顧提攜，就有歡喜；歡喜在看破解脫裡，看淡世事，接受無常，從憂悲苦惱中解脫出來，就是歡喜。

「歡喜而與」也就是「喜捨」。除了錢財物質的贊助、心靈上的安慰、知識上的傳授、事業上的助緣，一個微笑、一個點頭、一句好話，也都是喜捨的行為。所謂「捨得」，有「捨」，才有「得」。所以，做人處事應有喜捨的性格，如此，不但表示自己富有，也是廣結善緣的良方。

《摩訶般若波羅蜜經》云：「是菩薩摩訶薩若行檀那波羅蜜時，自行布施亦教人布施，讚歎布施功德，歡喜讚歎行布施者，以是布施因緣故得大財富。」也就是說，不但自己歡喜布施，若教他人布施，並歡喜讚歎他布施的功德，自己也會因為這個歡喜讚歎而得到大功德。

佛陀時代，有一位提婆長者，家財萬貫，但每天吃的食物卻十分粗糙，所穿的衣服垢穢不淨，所乘的車騎極為瘦弱，生了重病命終之後，也因為沒有子嗣，所有財產全數充公國庫。

當時，波斯匿王對提婆如此的果報遭遇感到十分好奇，就將他這種有財卻不能享用的情況請教佛陀。

佛陀回答說：「因為這位長者生性慳貪，不是捨不得布施，就是布施後，立刻就後悔，今天才有這樣的果報。」

所以，真正的布施，要心生歡喜，要尊敬受施者，不要感到苦惱或為難；喜捨才是福慧增長之道。

● 四——不求回報的布施

世間的快樂，往往是愛著、貪求的快樂，然而在佛教裡，真正的快樂，則是無著、無求的快樂。以空為樂的人，只想將慈悲歡喜施予人，而不企盼回報，所以，縱使他人不報答，也不會因此耿耿於懷。

春秋時期，宋國有一個人得到一塊美玉，獻給做官的子罕，子罕堅辭不接受。那個人以為子罕不識貨，就明白地告訴他：「這是一塊寶玉啊！」

子罕道：「你以玉為寶，而我以不貪為寶，如果我接受了你的美玉，我們都失去了自己的寶貝，不如各守其寶吧！」

貪心是永遠無法滿足的，所謂：「買得良田千萬頃，又無官職被人欺，七品五品猶嫌小，四品三品仍嫌低，一品當朝為宰相，又羨稱王作帝時，心滿意足為天子，更望萬世無死期。」世間上的金錢物質是有限量的，而欲望是無窮的。貪欲的人即使再富有，都是富貴的窮人，唯有知足常樂，才是真正富有之人。

誠拙禪師弘法利生時，法緣非常殊勝，每次說法，聽眾都把寺院擠得水洩不通，因此有人建議把講堂擴大重建。

當時，有一位信徒帶了一百兩黃金來送給誠拙禪師，並說明是要捐建講堂的。禪師收下了捐款之後，就要去忙別的事，這位信徒看到禪師沒有任何表示，態度不甚友善地說：「一百兩不是小數目，怎麼禪師拿了款項，連一聲謝字都沒有呢？」

禪師淡然地應道：「我知道了。」

信徒見狀，更加生氣地說：「師父，我可是捐一百兩黃金呀！難道您連聲謝謝都沒有嗎？」

這時，禪師剛好走到殿堂，就停下來說：「你捐錢給佛祖，功德是你自己的；如果你把布施當成一種買賣，我就代替佛祖跟你說聲謝謝，從此你與佛祖，銀貨兩訖。」

我們布施做功德，不要希求人家惦記、回報。俗話說：「有心栽花花不開，無心插柳柳成蔭。」有時候拋卻有所得的心助人，反而收穫更多。

不望果報而做的善事，就是無相布施；為求名利，為求聲譽，為怕墮入惡道，為求自身的健康而行布施，也就是有相布施。「不希果報」是一種最高境界的布施，也就是前面所說的，布施時沒有能布施的我、受布施的人、所布施的物，當然布施後更不存求報的念頭，這種三輪體空、無相而施的功德，才是最大的功德。

爾時，世尊而說偈曰：「應時行施無輕慢，歡喜授與不希求，能於此業常勤修，所生當獲大財位。」

那時，佛陀以詩偈言：「適時布施，不生輕慢；歡喜給人，不求回報，如此精進修行，就會獲得財富地位。」

幸福第三道——怎樣能使親友相處和睦、家庭美滿？

復次，妙慧！菩薩成就四法，得眷屬不壞。何等為四？一者、善能棄捨離間之語；二者、邪見眾生，令住正見；三者、正法將滅，護令久住；四者、教諸有情，趣佛菩提。

人在世間上不可能獨自存在，尤其眷屬是和我們共同成長、彼此照顧的至親，所以我們要慈愛眷屬，以愛來維繫關係，以愛來制定次序。家庭裡，老中青幼等分子，彼此之間相敬相愛，人人盡其在我，則家庭必然和樂美滿。

關於眷屬相處，如何才能和好友愛、和諧共處呢？佛陀告訴妙慧，要使眷屬不壞，就要做到以下四點：

● 一──不搬弄是非

何謂「棄捨離間之語」？即不說兩邊話、不搬弄是非，也就是不在這邊說那邊不對，不在那邊說這邊不對。

有一種人，為了離間他人，不惜一切地煽動挑撥，先是對這個人說某某人對他不好，再告訴某某人說這個人對你不好，使得雙方彼此懷恨。而在獲得兩人的信任之後，挑撥的人也就做起判官來了。

比方，甲和乙兩人是好朋友，有一個人見不得他們要好，心生嫉妒，就跑到甲這邊說：「你要小心，乙好像要對付你！」

甲一聽怒氣沖天，說：「哼！我對他那麼好，他還要這麼對付我。好吧！我們走著瞧，看誰對付誰？」

這個人聽了之後，又把這些話轉給乙聽，順便搧風點火說：「你可要注意，某人要讓你走著瞧！」

乙當然也是氣不過，就說：「走著瞧就走著瞧，我怕他什麼呀！」

兩個原本知交的好友，因為這番挑撥，可能自此之後，三年、五年、八年、十年……都不能釋懷，但對於離間他們的人卻百般感激：「啊！你真是我的知心好友呀！那個人對我不好，你叫我要小心，事先向我提出警告。」

不過，這般離間語是騙不了聰明人的。當他聽人說：「你要小心，那個人好像對你不好。」他不會輕易地就動怒，反而說：「對方是我的學長，他教導我、指示我是應該的。不過你要我小心，確實我是應該小心，要小心地跟對方學習。」

所以，一個人如果有正見，別人也就離間不了你，可是又有多少人能有這樣的知見和智慧呢？我常見許多人，天下本無事，卻自己製造出許多問題來，尤其許多糾紛，都是從聽信離間語而來的。

佛教裡，齋堂的門口多寫著一副對聯：「吃現成飯，當思來處不易；說背後話，唯恐當局者迷。」也就是在提醒我們慎言的重要。語言，有嘮叨、危言、狡辯、貧嘴、妄言、綺語、惡口、胡說、冷語、爭議等，語言容易犯的毛病何其多，所以有人把它形容成刀劍，所謂「唇槍舌劍」，也就更顯慎言的重要性了。

孔子是一位慎言之人，他待人誠懇謙恭，看起來好像不擅言辭，但在公開場合裡，說起話來卻是能言善道。尤其他經常陳說的一個道理就是：「言忠信，行篤敬，雖蠻貊之邦，行矣！言不忠信，行不篤敬，雖州里，行乎哉？」

說話有理就能走遍天下，就能到處通行無礙；說話無理，即使是在家鄉本土，也是寸步難行。

東晉時代的王獻之，一日偕同兩個哥哥王徽之、王操之，一起去拜訪名人謝安。徽之、操之二人放言高論，目空四海，只有獻之三言兩語，不肯多說一句話。三人告辭後，有人問謝安：「王家三兄弟誰優誰劣？」謝安只有淡淡地說道：「慎言最好！」

禪門倡導離言絕句，不著一法，直指人心，見性成佛，因此，許多禪門高僧大德在教化後學時，經常不發一言。看似無言，實則無聲勝有聲。例如維摩居士在不二法門的辯論會上，不發一語，使文殊菩薩大為折服，稱讚老維摩是「一默一聲雷」。甚至佛陀說法四十九年，仍自謙說：「我沒有說過一個字！」所以，真正會說話的人，有時沉默是金也。

要使眷屬和合不壞，不但要不說離間語，更要能慎言，選擇智慧的話說，誠信的話說，包容的話說，寬慰的話說。

●二──幫助別人得到正確的見解

佛教教導我們要過「八正道」的生活。八正道的第一個就是「正見」，所謂正見，就是正確的見解。有正見的人，對於因果的內涵道理，透澈明了；對於因緣的分合聚散，認識了然；對於事情的是非大小、先後有無，都能了然於心。

世間上的人，常常以自身的利害作為行事的出發點，以自己的得失有無作為行事的需要，乃至於對非法、對錯誤的認同，都是因為缺少正見。因為沒有正見，找不到理路，也就經常遇事怨天尤人、怪你怪他。其實錯誤都不是因於別人，而是由於自己不具正見。

比如家裡有人死了，怪老天爺沒有保佑；死亡本為自然不過的事情，為什麼要怪老天爺不保佑呢？金錢被人倒閉，股票貶值了，責怪財神不靈；運轉金錢，得失是當然的事，為什麼要怪罪於財神呢？乃至於眼睛老花了，要戴老花眼鏡；長短輕重不知道的時候，要測量，也都是理所當然的事，又何來怪罪呢？

所以，在事理迷糊的時候，尤應以正見認知，才得以排除一些不必要的苦惱。

在《譬喻經》裡有一則故事說：佛在世時，有一個婦人生養了二個兒子，一個善於游泳，一個不會游泳。有一天，不會游泳的兒子掉到水裡溺斃了，婦人並沒有哭；後來會游泳的孩子也不幸在水中淹死了，婦人聞訊，放聲大哭。別人覺得奇怪，問他：「你的第一個孩子死的時候，你一滴眼淚都沒有流，第二個兒子死了，卻哭得如此傷心，這是什麼道理呢？」

婦人說：「先死的兒子因為不會游泳，死了只能怪自己不懂水性；但是後來死的這個孩子，他懂得游泳，卻也溺死了，這不是很冤枉嗎？」

這個故事正是在告訴我們一個道理：一個人倘若因為從未聽聞佛法而沉淪六道，也是無可奈何的事；但是既已聞法，又懂得要修行，卻因為沒有正見，以致受輪迴之苦，這不是很冤枉嗎？正見的重要由此可知。

世間上有很多人執著錯誤的見解，關於「不正見」，大致上可分為五種，稱為「五見」。例如：有的人以為四大、五蘊是實在、不變的，而不知道身體只不過是暫住的房舍，即使再堅固的房子，終有敗壞的一天，大限來時，每個人都得搬離，這就是「身見」。執著身見的人，認為有形的生命是實有的，所以不斷追求聲色犬馬的享樂，而不知道人生還有更高層次的生活。

也有一種人，執著一端的見解，名為「邊見」。認為世間是恆常不變的，生命是實體，人死之後來生會再做人，而不知生命是隨著個人造作的善惡業力流轉輪迴六道，名為「常見」。認為人不管行善做惡，死後什麼都不復存在，唯有及時行樂才是真實的，名為「斷見」。乃至於執著世界是有邊的，為「有邊見」，執著世界是無邊的，為「無邊見」；執著身體與靈魂是同一境的，為「同見」，互為相異的，叫作「異見」等等，都是偏離中道的錯誤思想。

另有一種「見取見」的人，認為自己的學說才是唯一的真理，而不能見容別人的存在，甚至明知道自己的見解錯誤，卻企圖掩飾己非，積非成是，像這樣以邪為正、以惡為善的見解，對己對他都很危險。

至於「戒禁取見」的人，則是執著不正確的戒律、教條，以為能達到解脫或升天的果報。例如有些人認為只以水果或清水充飢者，道行高深，進而崇拜或效法，殊不知有道之人，並不在外相上刻意修為，而重於內在的觀照。

而在「五見」之中，就屬「邪見」之人最為可怕，他不相信因果，不尊敬三寶，對於佛教「種瓜得瓜，種豆得豆」的因果觀，有不同的解讀，例如人打死一隻老鼠，來生就會投胎做老鼠；只要打死一個人，來生就會投胎做人。邪見之人，就好似照相，鏡頭尚未取好角度就按下快門，自然會把真相給模糊了。

有個年輕人一心想要發大財，聽說王爺很靈感，就到廟裡懇求王爺保佑。一大早，他騎著摩托車到王爺廟燒香，禮拜過後，匆匆騎車揚長而去，一路飆車，好不暢快。但是正在得意忘形之際，一頭就撞上了橋墩，當場斃命。青年的父親聽聞噩耗，怒氣沖沖地跑到廟宇指責王爺：「我兒子那麼虔誠地禮拜你，你非但沒有保佑他，還讓他喪命，今天我非要打爛你的神像不可！」

站在一旁的廟祝一看不對勁，上前勸阻：「你不要生氣，其實王爺感動於你兒子的虔誠，也曾想要救他，可是令郎所駕駛的野狼一二五速度實在是太快了，王爺騎白馬努力地追趕，最後還是來不及趕上，只有眼睜睜地看著他不幸撞死在橋頭了！」世間上有很多人不明事理，自己違背因果，卻還責怪別人沒有幫助他，這也是一種見解上的錯誤。

邪見之人，往往以邪為正，還自以為是。例如有些人學佛，將宗教視為祈福求財、消災解厄、追求富貴名位的道具，而不知道信仰的真正意義在於奉獻犧牲、安身立命。像有人念佛一段時間之後，退失信心，就怨嘆道：「我再也不要念佛了，我念佛念了二十幾年，以為從此事業就會順利，財源就會廣進，可是我跟朋友合夥做生意，卻被對方倒閉了，佛菩薩一點也沒有保佑我發財，我何必還要念他呢？」

原來他把佛菩薩當成財神爺來奉侍，將佛菩薩當作保險公司一樣來經營自己的財富，這種貪婪的心態，怎麼能與佛菩薩布施行慈的心相應呢？

也有信徒說：「師父，我再也不持齋了，我吃素吃了幾十年，一樣體弱多病，不離醫藥。」他吃素並不是站在慈悲護生的立場，只是為了自己延年益壽、常保健康。其實，身體要想健康，就必須生活規律，飲食節制，加上適當的運動，才會產生效果；健康有健康的因果，信仰有信仰的因果，怎麼能混為一談呢？

錯誤的見解會障蔽我們的智慧，甚而讓我們喪失性命，不可不慎。因此，人要如何具備正見呢？所謂正見，就是對於自己所信仰的真理，不論遭遇任何疑難，都不受動搖的信念。至於正見的內容，例如明白世間有善有惡、有業有報、有前生有後世、有聖人有凡夫等等。

正見是深入佛法、獲得法益的重要條件，是人生重要的一步。所以，對於邪見眾生，我們要幫助他改邪歸正。一個家庭裡，如果人人都能有正當的思想、正派的觀念，彼此相處也就會融洽了。

● 三——護持正信佛法

前面提到，要得到端正的外表，方式之一是深樂正法，對正法歡喜信受；要使眷屬不壞，則要守護正法，不令消失毀滅。所以，正法是唯一幫助世人解脫出離的善法，我們應當護持，令其久住世間。

宇宙萬有，大如三千大千世界，小如芥子微塵，都叫作「法」，其中，有利益於人的，就叫作「正法」。進一步說，正法就是正當的宗教、正確的佛法。如前所述，三法印、四聖諦、四弘誓願、六度、八正道、十二因緣等，都是正法，我們應當護持，也就是顯揚正法。

古來高僧大德深知正法的重要，因此為了匡扶正法不遺餘力。例如佛陀十大弟子之一的富樓那說法度眾，不求恭敬，不圖容易，愈是偏僻，愈是難以教化的地方，他愈是熱心前往傳播。

又例如，印度初期中觀派論師提婆為顯揚正法，終其一生都在破斥外道邪說，最後連色身都犧牲了；印度大護法阿育王為佛教建塔廟、石柱，派遣傳教師分赴各地弘法；東晉慧遠大師著《沙門不敬王者論》，力爭佛法尊嚴；唐朝鑑真大師，幾次飄揚過海到日本弘法，都不能成功，但不會退失志願，信心滿滿地說：「為大事也，何惜生命！」最後終於將佛法傳到了日本。

佛法僧三寶是正法久存世間的三個要素，所以佛教徒，無論在家、出家都應負起護法的責任。舉凡佛教推動的弘法事業，只要有益於社會大眾，都應發心護持，有錢出錢，有力出力，有智慧貢獻智慧，促使佛法能夠流傳。

• 四——發菩提心，行菩薩道

學佛能讓人解脫煩惱，得到涅槃快樂，但一個真正的佛教徒，不應以成就自己下一世轉生人天或當一個阿羅漢為滿足，應該發菩提心，投入菩薩道，以成佛為終極目標，並且進一步幫助眾生一起成就菩提，一起走上成佛大道。

社會上有很多人把心住在金錢堆裡，金錢沒有了就悲傷；也有許多人把心住在愛情裡，愛情起變化了就難過。其實，一個人要想把心安定下來，應該安住在菩提道上。

什麼是菩提心？「但願眾生得離苦，不為自己求安樂」是菩提心，「將此身心奉塵剎，是則名為報佛恩」也是菩提心，乃至於「上弘佛道，下化眾生」，對上追求真理、佛法，對下普度眾生、服務世間，都是菩提心。菩提心能洗淨煩惱塵垢，消除眾生無明，菩提心一發，就會產生力量。

菩提心如種子，農夫種菜，要想有好的收成，就必須選擇好的種子，同樣的，我們若能把菩提種子種在心田裡，有朝一日必會開花結果。何謂菩提種子？舉凡「六度」的布施、持戒、忍辱、精進、禪定、般若等，都是成就佛果的資糧。

菩提心如道路，所謂「沒有天生的彌勒、自然的釋迦」，從菩薩的因位而到成佛的果位，是經過多生累劫的發心利他，圓滿菩薩五十二個階位之後而成就的。有謂「人成即佛成」，人格健全，道德昇華，身心淨化，就能進一步成就生命的圓滿。因此，佛道雖然長遠，只要我們發恆常心，行菩薩道，終有一天，必能圓滿成佛的目標。

大乘菩薩道的實踐，即佛陀根本精神的實踐。菩薩道不僅有人、天乘的入世精神，也有聲聞、緣覺的出世思想；以出世的思想，做入世的事業，兩者融和為一，就是「菩提心」。《華嚴經》云：「忘失菩提心，修諸善法，是為魔業。」《優婆塞戒經》也說：「若有人發菩提心，諸天皆大驚喜，以為吾今已得天人之師。」所以，菩提心是成功立業的根本，是成就道業的基石，學佛者應發菩提心，發長遠心，追求佛道永不退轉。

爾時，世尊而說偈言：「捨離間言及邪見，正法將滅能護持，安住眾生大菩提，當成不壞諸眷屬。」

那時，佛陀說偈言：「如果我們能夠捨棄離間之語，遠離邪見，護持正法，使眾生安住菩提道上，就可以獲得眷屬和樂的生活了。」

幸福第四道——怎樣能超越肉身的限制，得到解脫？

復次，妙慧！菩薩成就四法，當於佛前得受化生，處蓮華座。何等為四？一者、捧諸華果及細末香，散於如來及諸塔廟；二者、終不於他，妄加損害；三者、造如來像，安處蓮華；四者、於佛菩提，深生淨信。

什麼是化生？即無所依托，藉業力而生者。

佛陀說過四種受生：胎生、卵生、濕生、化生。胎生者，如人道或貓、狗等動物；卵生者，如雞、鴨等禽類；濕生者，如蚊子、蜜蜂等昆蟲；化生者，如天界、地獄等眾生。四生中，屬化生最勝，而當中又以蓮花化生最優，能在佛前化生於蓮花座上，是最清淨、最自在不過的，這也就是出世的圓滿。

佛陀告訴妙慧，要想得到蓮花化生的果報，必須成就以下四法：

●一——散香人間，散美人間

佛在世時，世人得以直接供養佛，但是佛滅度後怎麼辦呢？佛滅度後，塔廟即是三寶聚集所在，能夠供養三寶，便是蓮花化生的首要條件。

說到香花供養，過去我在高雄文化中心和台北國父紀念館講《維摩經》，將講題訂為「天女散花與香積佛飯」，有徒眾就跟我說：「師父！天女散花、香積佛飯幾句話就可以講完了，您這一天可要講兩個小時呀，兩句話怎麼能講到兩個小時？」但我覺得這就是《維摩經》了不起的地方，兩句話，兩個小時都還講不完。

其實，「天女散花」就是散美在人間，散香在人間，散得貢獻在人間。我們若能把歡喜散播在人間，把慈悲散播在人間，把佛法散播在人間，不也是天女散花了嗎？所以，從天女散花中，我們應思考自己究竟要散播什麼在人間？

甚至於「香積佛飯」，吃了是要生信心，吃了是要開智慧的。從香積佛飯中，我們要去思考自己可以給世間上的人什麼供養？過去，許多年輕人來到佛光山叢林學院讀書，我都會告訴他們：我要給你們有信心，我要給你們有智慧，因為我們不是在這裡「痴聚」，在這裡等飯吃的，要想過香積佛飯的生活，要成就一個眾香佛國，一定要有很多的辦法。

花普遍為人們所喜愛，尤其受佛門歡迎，供花象徵信仰的虔誠，具有無比殊勝的功德。《佛為首迦長者說業報差別經》裡說到香花供佛，可以得到十種功德：一者處世如花；二者身無臭穢；三者福香戒香，遍諸方所；四者隨所生處，鼻根不壞；五者超勝世間，為眾歸仰；六者身常香潔；七者愛樂正法，受持讀誦；八者具大福報；九者命終生天；十者速證涅槃。

凡以花供佛而得妙果的例子，實在不勝枚舉。例如，憑藉香花供佛的因緣，末利夫人由黃頭婢女一躍成為第一夫人；就是佛陀成佛，也是緣於前世做雲童時，以七莖優鉢羅華供佛，而得到燃燈佛為他授記無量劫後必可成佛。

此外，經典中也有幾則記載，有個採花人以所採的花，做成花鬘供佛、供塔，死後生天；有一位為國王採花的侍者，甘冒生命危險，誠心以花供佛，而蒙佛授記未來成佛；還有一位男子以花供僧，感得來世出生時，家中滿布天華。

佛教徒常以香花供佛，而在所有香當中，最好的就是旃檀香，此香柔和、芬芳，能給人生起清淨、安定之感。不過，無論什麼香，它所能遍及的空間都是有限的。最好的香是什麼？戒德之香。所謂「心香一瓣」，將心中持戒的清淨、歡喜散播在人間，才是最有價值的。

戒具有「防非止惡」的功能，能讓身不殺、盜、邪淫，口不說妄語、兩舌、惡口、綺語，意不貪、瞋、邪見，心中存有善念、戒法，此香才是普天下最需要的。

例如，佛在世時，有一天，印度的波斯匿王想要將香瓔送給末利夫人，末利夫人卻告訴波斯匿王說：「我今天持齋，不該戴香瓔，請國王轉送給佛陀。」

佛陀慈悲接受供養後，說道：「蓮花、梅檀雖有香氣，但不如持戒之香，戒德薰香可遍一切處。若將天下所有珍寶拿來布施，也比不上末利夫人一日一夜持戒的功德。」

日常生活中，香花不僅表戒香，勉勵我們持戒、守法，它還表六度：

一、**布施**：花開之美，能帶給人歡喜，表布施的精神。

二、**持戒**：花朵綻放有一定時間、範圍，不會攀附在其他植物上，表持戒的精神。

三、**忍辱**：花朵綻放前，必須忍受黑暗、潮濕；開花後，要耐得住風霜雨雪，所以表忍辱的精神。

四、精進：無論花期長短，花總是努力地散布芬芳氣味，所以具有精進的精神。

五、禪定：花靜靜地綻放，表現出寧靜、安忍的氣質，也就是禪定的境界。

六、般若：花的顏色、大小、香氣不一，千變萬化。可以說，花的世界就如同人的世界，蘊含無限的智慧。

佛國淨土是一個蓮花遍布、百花盛開的世界，所謂「心淨則國土淨」，如果每一個人都能在心中常植慈悲、清淨、歡喜的蓮花，讓自己居住的環境鳥語花香，沒有髒亂，沒有荊棘，人人守法、利益大眾，隨處都是有德之人，那麼，生活的當下便是莊嚴的佛國淨土了。

• 二——不傷害一切生命

佛教講「慈悲」，也就是給人快樂、為人拔除痛苦。一個人如果無法做到慈悲，最起碼也要能做到不傷害人，尊重一切有情眾生的生命。

現在舉世之間，舉凡國與國的刀兵征討；領空、領海之間的占有；電腦駭客、盜印、翻印，侵犯他人的智慧財產權；傷害別人的生命，偷取別人的財富，說話給人難堪，乃至飲酒、吸毒，胡作非為，都是對己、對人的一種損害。

如何做到不損害人呢？唯有持戒才能不損害人、不侵犯人。比方受持五戒，不殺生就是不侵犯他人的生命，不偷盜就是不侵犯他人的財產，不邪淫就是不侵犯他人的身體，不妄語就是不侵犯他人的名譽，不飲酒、不吸毒就是不傷害自己的理智，進而就能不侵犯他人。

有了戒法，可以增加信心，讓我們對佛法的信仰更堅定；有了戒法，可以生出功德，自有好因好緣；有了戒法，可以產生力量，當我們面對困難時，能有勇氣去克服；有了戒法，可以吉祥如意，有願心的堅持，自然一切平安；有了戒法，可以增加道念，發心修行、服務眾生，自能道念不退；有了戒法，可以約束放逸的身心，慢慢生出智慧，解除煩惱；有了戒法，可以獲得尊重，身體力行不侵犯他人的戒條，自會獲得他人的敬重；有了戒法，可以產生和諧，在團體中，也就更容易與人融和在一起了。

戒，能洗淨我們的罪業，是一切善法的根本，也是世間一切道德行為的總歸，能完成我們的人生。所以，戒像什麼呢？

戒如良藥，吃了持戒的藥，可以少煩惱、少憂慮。

戒如軌道，可以規範我們的行為，使之不出軌。

戒如良師，可以引導我們向上向善。有的人到處尋師訪道，希望能尋得善知識，其實善知識在哪裡呢？只要我們時常以戒法警惕自己，以道德規範自己，自己就是自己的善知識，自己就是自己的老師。

戒如城牆，能幫助我們防禦五欲六塵等盜賊的侵擾，讓我們不會去侵犯別人，進而別人也不會傷害我們。

戒如鋤草，持戒就如同把田地裡的雜草去除，心田不長無明草，也就能獲得身心的清淨。

戒能平安，一個人如果能持戒，凡事守法、不為非作歹，必然能獲得平安。所以，我們要求平安嗎？要求幸福嗎？持戒第一。例如：你不殺生，進而護生、放生，生命就會平安；

你不偷盜、不貪汙、不侵占，財產就會平安；你不邪淫，眷屬就會平安；你不去破壞人家的名譽，信用就會平安；你不去販毒、吸毒，人格道德就會平安。

戒如明燈，能明明白白照見自性本心。人生在茫茫生死大海之中，有了戒律燈塔的引導，前途就有希望。

戒如瓔珞，持戒就如同瓔珞寶珠披掛在身上，不僅外表讓人看起來更顯美麗，人格道德也會更為清淨莊嚴，受人尊重。

戒如妙香，持戒即守法，待人有法，待己有法，做人處世都有理法，則如妙香，能獲他人喜愛了。

戒如護照，持戒看似束縛，實為自由，如同護照在身，進出自如。

所謂：「善法如橋梁，持戒則能往；隨順修善行，決定得善果。」戒是學佛做人的根本，有了清淨的戒行，才能看到真實、本來的面貌。

不過，一般人持戒，只是從消極上想：我不殺生、不偷盜、不邪淫、不妄語、不飲酒。其實，除了消極的不殺生以外，還要積極的護生、放生；消極的不偷盜以外，還要積極的供養、布施；不邪淫以外，還要成全人家的名節；不妄語以外，還要多說善良的語言、正見的語言；不喝酒、不吸毒以外，還要飲食簡約，珍惜資源。

「人雖貧賤而能持戒，勝於富貴而破戒者；華香木香不能遠聞，持戒之香周遍十方。」一般人布施，是以物質給人，稍有施捨心者都可以做得到，而持戒是以止惡行善的戒行，來達到身心的清淨，比布施更為可貴。所以，佛陀讚歎持戒不侵犯人的功德，遠比布施功德還大。

家庭和樂最好的方法，就是全家受持五戒；社會安樂最好的方法，就是全民推動五戒。一人持戒，身心平安；一家持戒，一家得度；一村持戒，一村得度；一國持戒，一國得度；人人都能遵守五戒，自然國泰民安。

• 三——心中有佛，與佛相應

在過去七佛中，有一尊佛名為毗婆尸佛。毗婆尸佛涅槃後，弟子以七寶塔將他供奉，法相十分莊嚴。後來塔內佛像臉部顏色脫落，有位貧女想要發心修補，便請來了一位金鍛師整修，由於兩人共同發心修補佛像的功德，身體都變成了金黃色，並且得到了無比的妙樂。這位貧女即是妙賢的過去世，金鍛師則是大迦葉尊者的前生。

無論是泥塑、木雕或彩繪的佛像，瞻仰、禮拜佛像的意義，最主要就是把我們內在的佛性顯發出來，令人生起正念，藉此而與佛的法身感應道交。但是很多人終日背著外在的佛像，四處乞求開悟的功德，卻不知內在有一尊萬德莊嚴的佛在；只學佛的樣子，而缺少修行的真功夫，又怎麼能圓滿成就呢？

蘇東坡和佛印禪師，有一段很有趣的公案。

宋朝蘇東坡居士在江北瓜州地方任職，和江南金山寺只有一江之隔，因此，他和金山寺的住持佛印禪師經常談禪論道。

一日，蘇東坡到金山寺和佛印禪師打坐參禪，蘇東坡覺得身心通暢，便問禪師：「禪師！你看我坐的樣子怎麼樣？」

「好莊嚴，像一尊佛！」

蘇東坡聽了非常高興。佛印禪師接著問蘇東坡：「學士！你看我坐的姿勢怎麼樣？」

蘇東坡從來不放過嘲弄禪師的機會，馬上回答說：「像一堆牛糞！」

佛印禪師聽了只是笑笑，並沒有說什麼。蘇東坡以為禪師被自己喻為牛糞，無以為答，就是贏了佛印禪師，所以逢人便說：「我今天贏了！」

消息傳到他妹妹蘇小妹的耳中，妹妹就問：「哥哥！你究竟是怎麼贏了禪師的？」只見蘇東坡眉飛色舞，神采飛揚地如實敘述了一遍。

蘇小妹天資聰穎，才華出眾，聽了蘇東坡得意的敘述之後，正色地說：「哥哥，你輸了！禪師的心中如佛，所以他看你如佛，而你心中像牛糞，所以你看禪師才像牛糞！」蘇東坡啞然，方知自己的禪功不及佛印禪師。

蘇東坡追求開悟，卻只學了佛的樣子，不像佛印禪師已證得無我、無相的佛心，內在有一尊莊嚴的佛在。

佛光山從早期大悲殿裡供奉的數千尊觀音像開始，到大雄寶殿中的一萬四千八百尊佛像，乃至到大佛城的接引大佛及周圍的四八〇尊阿彌陀佛像，其塑造的目的主要就是希望大家在瞻仰佛陀聖容時，都能激發心中本自具有的佛性。但是有的人不明個中道理，卻妄加批評說：「佛光山的佛像是水泥做的，是水泥文化。」在我的想法，多年來，我所看到的都是佛的慈悲與智慧，為什麼有的人遠道而來卻只看到水泥，而沒有看到佛呢？

也有人問：「為什麼佛光山不請藝術家雕刻佛像？」我的回答是：「我要用佛心雕刻的佛像。」

所以，佛像在我的心中是一種神聖的象徵，是完美的典範。古時候的人雕刻一尊佛像，或畫一幅佛像，都要經過嚴謹的「一刀三禮」及「一筆三禮」的儀式，經上也說：「佛道在恭敬中求。」所以，心中有佛，才能塑造出圓滿莊嚴的佛像。

過去棲霞山千佛嶺的佛像傳說是由父、子、孫三代相繼雕刻完成的。但是就在第三代雕刻師雕刻完成之際，數數佛像，卻發現無論怎麼算，佛像都是九九九尊。正當他覺得納悶時，心中忽然生起一個念頭：「我就是佛啊！」於是就把自己嵌在石壁上，成為了第一千尊佛。

一個人心中有佛，眼裡看到的就是佛的世界，耳朵聽到的就是佛的音聲，鼻子嗅到的就是佛的氣息，口裡說的就是佛的語言，身行都是佛事，不就處處都是佛的世界了？

●四——對成就佛果深具信心

在前面「眷屬不壞」中，提及教眾趣入佛菩提，至於要想「蓮花化生」，其重點則在於對佛菩提要能深生淨信。

《大乘莊嚴經論》說：「因有信心故，則不造諸惡，一切諸功德，以信為使命。」信為入道的第一步，有了信心便能成就一切善事，所以在菩薩五十二階位當中，特以「十信」為首。

有個不識字的老太婆，每天都念「唵嘛呢叭咪吽」六字大明咒，但是幾十年來他都把「吽」誤念成「牛」。

每天早晚，他都要念滿一斗豆子數量的咒語，每念一句「唵嘛呢叭咪『牛』」，就丟一顆豆子在木盆裡。由於虔誠持誦，無情的豆子竟也有了感應，每當他念一句咒語，豆子就會自動跳進木盆中。

有一天，一位雲遊僧來到他家中借宿，半夜裡，出家人聽到老太婆持咒的聲音，發現老太婆念錯了，趕緊就去糾正他。於是老太婆改口稱誦「唵嘛呢叭咪吽」，雖然念對了，卻由於一念生疑，豆子便不再跳動了。

由此可知，信仰能產生無量功德，一個人對佛道具有甚深的信心，便能與佛法契合。

佛世時，佛陀經常在恆河附近開示佛法，有個信徒知道了，就想渡河聽法，但怎麼都找不到船隻。他望著滾滾的恆河著急不已，有人就開玩笑跟他說：「你為什麼不從河上走過去呢？」

由於此人淨信佛法，渴望聞法，也就不顧河水波濤洶湧，毅然涉水而過，最後終於到達了彼岸。信仰的力量之大，即使是驚濤駭浪也阻擋不了，實在不可思議。

信心是我們內心的寶藏，只要我們心中有信心，就會產生力量；有信心，就會有取之不盡、用之不竭的能源。我們每個人都是開採能源的專家，懂得「反求諸己」，向自己的內心開採信心的財寶，人生就會富有。

《華嚴經》說：「信為道源功德母，長養一切諸善根。」有信心不但能成就世間的功業，更能長養出世間的菩提道業，還有什麼比信心更珍貴的寶藏呢？

> 爾時，世尊而說偈言：「花香散佛及支提，世不害於他并造像，於大菩提深信解，得處蓮花生佛前。」

那時，世尊就說偈語：「能夠用花香散於佛塔面前，持戒不損害眾生，並發心塑造佛像，對佛法僧三寶深生淨信，必得安處蓮花，生於佛前。」

幸福第五道——怎樣能開發無限潛能，自在優游？

復次，妙慧！菩薩成就四法，從一佛土至一佛土。何等為四？一者、見他修善不為障惱；二者、他說法時未嘗留礙；三者、燃燈供養如來之塔；四者、於諸禪定常勤修習。

大乘經典提到，十方世界有無量佛土，且各各不同。那麼要想從這一個佛土到另外一個佛土，該怎麼去呢？

關於這個問題，就好比有的人念佛，會有一個懷疑：我們在高雄念「阿彌陀佛」，阿彌陀佛就要跑到高雄來；台中有人念「阿彌陀佛」，阿彌陀佛就要跑到台中去，乃至台北、基隆、香港、東京、洛杉磯、紐約、巴黎有人念佛，阿彌陀佛就要跑到那裡，這不是太辛苦了？阿彌陀佛忙得過來嗎？就是買架噴射機給他乘坐也來不及呀！

其實，不是這樣的。佛是分身千百億，化身千百億，所謂「菩薩清涼月，常遊畢竟空；眾生心垢淨，菩提月現前」，就像天上的月亮，無論是江海、河水，只要有水的地方，就可以映現出月亮來。

講到佛菩薩化身千百億，其實每個人都應該效法學習，開發自己無限的潛能。就拿我來說，今天我人雖然身在佛光山，沒有到澳洲、美國等各地的別分院，但我的精神卻是與大家同在，各別分院的徒弟們，也都視我如同在當地，接受我的理念引導，這不就如同化身嗎？

在佛光山，有很多學生從佛學院畢業後，就分發到各單位去擔任職事，可是有的人會說：「我不要擔任那個職務！」其實，這都是由於自己承擔力不夠，假如本領具備，又有哪一行不能做呢？

我常說：一個有用的人，可以把一件小事做成一件大事；一個沒有用的人，把大事交給他，到最後則變成無聲息的歌唱，事情沒有大小之分，都是事在人為。所謂「人能弘道，非道弘人」，人能成事，而非事情來成就我們，因此我常鼓勵學生，畢業後分發做職事，行行都要學習。修行要像佛一樣，分身無量億，什麼事都能做。

有時因應常住的需要，少部分徒眾在一個單位服務半年、一年，我就讓他調職，山上的大師兄也就經常對我說：「不能調這麼快啊！這個人到朝山會館做知客才一年，好不容易認識了幾個信徒，這麼一調走，就沒有人招呼這些信徒了，對我們的損失很大啊！」

為了教育一個人才，讓他快速成長，我寧可以損失其他利益，也要給徒眾行行參與。我不能為了自己的需要，而浪費徒眾的青春、不顧他們的潛力，我要發揮每一個人的潛能，不浪費他們寶貴的時光。何況叢林有謂「四十八單」，哪一單可以不用學呢？

在此，佛陀告訴妙慧要想獲得自在遍行，就要做到以下四點：

●一——不障惱別人行善

在人世間，有許多好事值得我們去做，但是在眾多的善法當中，沒有比「給人因緣」更為重要了。給人好因好緣是廣結善緣之道，也是自我成就之道。

看到別人做好事，我們要隨喜讚歎，不要心生障礙、惱害。民間流傳一句話：「自己萎弱，厭人健全；自己惡動，怪人活潑；自己飲水，嫉人喝茶；自己呻吟，恨人笑聲。」這句話道盡人類見不得別人好、恨不得別人壞的劣根性。

有的人看見別人好，心裡就難過；聽到別人薪水高，心裡就不舒服；別人職位調升，他就不服氣；別人受到獎勵，他就煩躁；聽到朋友富貴美滿，心裡就不是滋味；或者因為自己沒有本領創業，見到別人開公司，就不歡喜別人成功。

就是想做一個與世無爭的出家人，也很難；想做一個弘法利生的布教師，更困難。你很會說法，有人就批評：「癩和尚說法，能說不能行！」或說：「光是會說，不會寫文章，有何用？」

當你努力寫文章，以文字弘法時，譏笑的聲音又來了：「哼！光會搖筆桿有何用？雕蟲小技而已，又不懂修行！」

既然人家要看的是修行，你只好精進辦道，但是好不容易修行到家了，他卻又搖頭說：「有什麼了不起！只會修行，不會辦事，沒有策劃執行的能力。」

當你辦幾個大型的法會，替佛教開創新風氣後，冷言冷語又來了：「那個法師有何能耐，雖然會辦活動，不過像英文、日文這類外語，一句也不會說，有什麼用？」

聽他這麼一說，只有再努力進修外語。但是到了足以應對交談的時候，人家罵得更難聽了：「這個和尚，明明是中國人，卻不講中文，會講幾句外語有什麼了不起？」

不論你怎麼做，做來做去都是一句「沒有用」，諸如此類的心態，就是「同歸於盡」、「一起沉淪」的負面想法。

在佛教裡，有一句話說：「不欲人獲利，豈願他成佛？」嫉妒心是一種瞋心，會覆蓋人的真心，障蔽自己的本來面目。所以，吾人應該學習以鼓勵、讚美、欣賞來轉化嫉妒的習氣。

有人建大寺院，我要恭賀護持，因為信眾增加了，表示佛教進步了；別人講經說法，我要歡喜讚歎，表示佛法很興盛；有人要為眾服務，我樂於隨喜當義工；有人要興辦事業，救助弱小，我樂於隨喜贊助；有人要卹孤濟貧，我隨喜給予宣揚，成就好事。果能如此，真善美的世界也就離我們愈來愈近了。

●二——不阻撓別人弘揚佛法

早年在台灣推動佛法，因民風未開，遇上不少阻礙。記得我在宜蘭初次講經時，警察不准我公開說法；一些不信佛教的居民在殿外喧鬧干擾；每次外出弘法，都必須到派出所請假；甚至為了使講經說法更生動活潑，有時我用黑板、圖片、幻燈機來配合講演，但是警察卻把幻燈機看成是手槍，而把它沒收了。

有一次，我在桃園龍潭講經，警察命令我將聽眾解散。我就跟警察說：「是我找大家來聽經的，我不能宣布解散，你要想解散，就請你自己上台宣布。」

警察不敢，回說：「你怎麼可以叫我去宣布解散？」

我告訴他：「你不要宣布解散，那我上去講完了，大家自然就會解散。」就這樣，這位警察眼睜睜地看著我把經講完。

還有一次，我到花蓮弘法，警察以沒有事先申請為由，強行取締，當時我就表示：「我在台北弘法都不需要申請，難道花蓮是化外之區嗎？」在那時，由於台北是台灣首府，從台北來的人，大都被視為是有來頭的人，所以警察一聽，愣住了，也就沒有再為難我。

甚至過去，高雄壽山寺曾經面臨被拆除的命運；普門寺幾十年來，一直拿不到寺院登記，因為過去的法令規定，建築的外形沒有翹角，就不被承認是寺院，所以產權非普門寺所有，只能登記在家俗名。乃至我在台灣致力於弘法利生的工作，治安單位接到密告，說我「言論可疑，恐有通敵之嫌」等等。

對於諸如此類的弘法艱辛，我並沒有憤世嫉俗，反而學會了以平常心來應付這些紛至沓來的阻礙；不但不失望沮喪，也沒有以牙還牙，反而主動和大家廣結善緣。

給人好因好緣，便是廣結善緣之道，也是自我成就之道。我剛在高雄創建壽山佛學院時，聽說台北有太虛佛學院，是由很多人經營合辦的，而且辦得很好。當我得知消息時，內心不但不嫉妒，而且很歡喜，除了高興佛教教育日漸興隆之外，也高興有一個單位可以互相觀摩，激勵我必須更求進步。

過去演培法師曾對我說：「某人在哪裡建廟、蓋精舍。」我說：「這事與我們有何關係呢？」

他就告訴我：「我們從此又多了一個地方可以弘法，又多了一個地方可以掛單吃飯；多了一個寺院，就增加一個使佛法振興的助緣啊！」

所以，我們對於他人做好事，不應該阻攔，而要隨喜讚歎；甚至對於他人的講經說法、建設道場，我們不只不要去障礙，還要幫助他的道場發展，如果道場有所發展，我們去了也就有飯吃；反之，他若窮得沒有飯吃，那我去了，他還能招待我嗎？因此，不障礙的空間，更加開闊，人人可以悠遊自在；不障礙的世間，處處自在，各個可以幸福歡喜。

● 三——點亮自己的心燈

談到點燈供養如來塔廟，《華嚴經》說：「慧燈可以破諸闇。」所以，燈代表的是智慧、光明，能破無明暗，給予迷茫眾生帶來力量。

在《佛為首迦長者說業報差別經》中提到，點燈有十種功德：一者、照世如燈；二者、隨所生處，肉眼不壞；三者、得於天眼；四者、於善惡法，得善智慧；五者、除滅大闇；六者、得智慧明；七者、見大福報；八者、流轉世間，常不在黑闇之處；九者、命終生天；十者、速證涅槃。

佛教最早的點燈典故，是從貧女難陀而來，記載於《阿闍世王授決經》中。

話說佛陀在靈鷲山弘法時，有一天，阿闍世王供養佛陀，飯後佛陀回去休息。阿闍世王就和耆婆商議說：「現在我們已經請佛陀吃過飯了，之後應該再做些什麼事，來表示對佛陀的恭敬？」

耆婆說：「燃燈供佛！」

於是阿闍世王就命令大臣備好萬盞百斛的麻油膏燈，在夜空下，同時點燃，從宮門綿延而去，十分壯觀。

當時，有一位貧窮的少女，名叫難陀，他對佛陀有顆恭敬、景仰的心，但是平時雖然想要供養佛陀，卻苦於沒有錢財。當他看到阿闍世王點燃萬燈供佛時，心裡非常歡喜，就把乞來的一塊銅板，帶到賣麻油的商店，請求店主賣給他油膏。店主一看，便說：「你那麼貧窮，不去買吃的，買麻油做什麼呢？」

難陀回答：「我聽說若要生逢佛世，是件難遭難遇的事，而現在我能恭逢佛世，雖然沒有錢可以供養，但今天見到阿闍世王點燃油燈，做大功德，心裡非常歡喜，也想點燈供佛，請你賣給我一點油膏吧！」

店主感動於難陀的虔誠，就多給了他一些油膏。於是難陀高興地拿著油膏，到佛前點燃了一盞燈，合掌發願：「願生生世世能作佛事，請求佛陀加被此燈通夕光明不滅。」

當天夜裡，阿闍世王的燈，有的已滅，有的燈光微弱，唯獨難陀所燃的燈，光明不絕，直至天明。

佛陀告訴目犍連尊者，天色已亮，可將燈火熄滅。可是無論目犍連尊者怎麼熄滅法，難陀所點的那盞燈始終不滅，還更加明亮。

佛陀看到此景，就說：「你不必再熄燈了，此光明功德不是你的威神力所能及的。難陀點燈的信心，可滅除無量劫的罪業，如果今後再發心以經法教化人民，經過三十劫，功德圓滿，當能作佛，號須彌燈光如來。」

燃一盞燈的功德，可蒙佛授記，當來作佛。由此可見，功德不在大小，在於我們的心意是否誠懇。

清朝有名的玉琳國師，前世其貌不揚，雖寫得一手好字，又貴為書記師，但常為自己的醜陋而自卑，後來他的師父勸導他說：「人長得美或醜，都與前生離不開關係，一個人過去經常以香花燈燭供佛，讚美別人，今生就會長得莊嚴，反之，一味譏謗他人，來生就會得到醜陋的果報。」

這位十不全的書記師接受師長的教誨，從此，日夜點燈，虔誠禮拜藥師如來，果然求得「面如秋月，身似琉璃」的莊嚴法相。

所以，點燈最重要的是點亮自己內在的心燈。心靈的燈光是什麼？舉凡智慧明理、慈悲喜捨、慚愧知恥都是心靈的燈光，心燈明亮了，佛性自然顯現，光明、清淨也就自然具足了。

每一個人也都可以成為別人心中的一盞明燈，你有學問，學問就是明燈；你有道德，道德就是明燈；你有能力，能力就是明燈；你有慈悲，慈悲就是明燈。燈光點燃了，自然就會有很多人親近。因此，我們要期許自己做家庭的明燈、做社區的明燈、做全人類的明燈，如此，社會必然是一片光明、祥和了。

● 四——常修習禪定法門

在《六祖壇經》裡，惠能大師說到「禪定」的意涵：禪指的是外禪，定指的是內定。所謂外禪內定，就是禪定一如。心外的活用是禪，心內的安住是定；對外離相是禪，對內不亂是定。對外，不為五欲六塵諸相動搖，對世間一切生死諸相不動心，就是禪；對內，心裡沒有貪瞋迷惑，就是定。那麼，禪定一體，對外相不動心，對心內清楚明了，也就能生起智慧了。

《佛遺教經》說：「制心一處，無事不辦。」去除散亂的妄念，才能浮現清明的智慧。所以，修習禪定，是對自己真如佛性的一種觀照，在妄念蕩滌盡淨後，平等一如的法性智慧便能顯現出來。

禪定有諸多好處，但是參禪之人不應只想明心見性、求得開悟，一個人福德因緣不具足，又如何悟道呢？我認為參禪主要在於心中的自在安然，從禪定中能獲得法喜禪悅。

參禪要不著心，不著境，不在妄，不在動。參禪功夫是慢慢累積的，集千千萬萬的小悟，才能成就大悟，所以不要刻意求取「開悟」。有求哪有無求好，急於想得到什麼，反而得不到，無求、無住、無證、無得，以平常心參禪，身心放下，則何處不是禪？

一般人以為，修禪一定要在寺院禪堂裡，把雙腿盤起來，眼睛閉起來，不能吵鬧，不可有聲音，才叫做參禪。其實，在我們的生活中，舉凡吃飯、睡覺都是禪。平常吃飯，看到桌上的菜色不合己意，就要嫌它幾分，如果你有禪定功夫，也就覺得這沒什麼關係，菜根也有菜根香，而能吃得歡歡喜喜了。

所以，什麼是禪？禪就是我們的生活。生活中有禪，吃飯，飯的味道會不一樣；穿衣，衣著的美感會不一樣；做人處事遇到是非煩惱，哈哈一笑就過，沒什麼好計較。人間雖有窮通得失，但人有了禪心，也就如同擁有了世界，而不感到缺少什麼了。

人類生活從衣食住行的物質生活開始，當物質生活不虞匱乏，甚或舒適享受後，便會想要進一步提升心靈的層次，比方以音樂、繪畫、插花等藝術來美化生活。但是在藝術生活之後，又覺得缺乏真實的意境，漸漸地，也就希望求得內心的解脫自在，進而想過宗教的生活。宗教生活是一種真善美的意境，也就是禪的生活。

禪是一種幽默，一種風趣，在禪的世界裡，沒有值得傷感、計較的事情。禪是無形無相，卻無所不在、無所不遍的。禪是我們的真心本性，用文字寫，寫不出來；用語言說，說不明白；用思想來想，也想不清楚，禪是用來參究悟道的，是要我們自己體會，自己覺悟的。

禪沒有一定格式，是依個人根器發揮的；禪是人間的寶藏，可以幫助我們認識自己；禪是絕對的超越，具有「雖千萬人吾往矣」的自尊精神；禪定是趣入佛道、證悟菩提的必修門徑，是修道人一種內證的自受用。

禪像什麼？禪，就好像我們煮一道菜，在菜裡放一點鹽，放一點調味料，就會更好吃；禪，就好像我們在客廳、房間裡懸掛一幅畫，擺放一盆花，氣氛就會變得不一樣；禪，像是一張薄紙，搗破即空；禪，像空手的拳頭，手一放鬆，拳頭就沒有了。

禪不可以說，就是那個樣子；說出來的不是禪，不說的才是禪。禪，無迷無悟，而是了知自性；你能夠了知自性，那就是禪。

雖說禪不能從坐臥之相去計較，不過對於初學者來說，坐禪還是參禪的重要入門。平時如何坐禪呢？過去古德給我們很多開示：

一、**獨坐靜室**：要在安靜之處坐禪。

二、**盤腿結印**：盤腿能使人的精神集中。盤腿有單盤和雙盤的不同，所謂「單盤」，右腿在左腿上面，或左腿在右腿上面；「雙盤」，即兩隻腳交疊盤起。抄手結印在肚臍下，或兩手放在膝蓋上均可，甚至天氣冷，手袖包覆起來也無妨。

三、**寬衣鬆帶**：禪坐的時候，穿西裝、牛仔褲、窄裙等，並不方便，應該要寬衣鬆帶，才不會感到束縛、不適。

四、搖身搓手：坐下時，可先搖動一下身體，以便坐得平穩；兩手交互摩擦，以提振精神。

五、**裹膝圓滿**：用毯子把膝蓋包起來，免受風寒。

六、**平胸直脊**：胸要平坦，背脊要直，但不宜太挺或太彎。打坐時，後面不要有靠背，也不要將背倚在牆上，否則會使氣血不通。

七、**出氣和順**：呼吸時，出氣、入氣要均勻。

八、**看心不分**：即看住自己的心，不被妄念牽引；讓心參住話頭，不讓話頭跑掉，不讓心亡失。

此外，參禪打坐還要注意以下事項：

一、**要名師指導**：如果打坐沒有名師指導，盲修瞎練，則容易出差錯。

二、**要自我察覺**：禪要靠自己覺察心機，當下承擔。

三、**要虛心無求**：心要謙虛無求，不著一物，如同朗朗晴空，比較容易與禪相應。

四、要把持中道：坐禪要不著心也不著境，保持一顆平等心、無分別心。

表面看起來，禪坐只是靜坐不動，可是這一坐並不簡單，三千大千世界，無邊法界，都在一心之中。

從前有一個專賣豆腐的店家，坐落在一間寺院旁。由於寺院經常舉辦禪修活動，豆腐店老闆覺得好奇，也就一心想進禪堂一探究竟。當時，寺院禪堂並非一般人能隨便進出的。但是豆腐店老闆不死心，向禪堂香燈師請求，希望能在角落邊安排一個位子，好讓他也能參一次禪。

一生都在忙碌工作的老闆，在一支香的禪坐時間裡，最初是張大眼睛，東看西看。但是看來看去，只看到大家眼觀鼻、鼻觀心，如如不動，漸漸地，覺得沒什麼可看了，心也就安靜下來了。

事後，他逢人就說參禪很好，人家反問他如何好法，他就說：「我在參禪時，記起三十年前老王欠我的十塊豆腐錢，他到現在都還沒有還給我。」

當然，我們參禪打坐，並不是為了要記起豆腐帳，但從賣豆腐老闆的口中，卻可以知道，

「禪」對人生至為重要，禪定可以使我們明心見性，到達涅槃彼岸。尤其禪定是安心的祕訣，對於身心安樂有很大的幫助。

我們經常看到，有的人一個月前被呵罵，一年後，還是耿耿於懷；十年前受到別人欺負、傷害，十年後還是掛在心上。大家想一想，一個月前的苦惱，再把它留到一年後；十年前的傷害，再把它留到十年後，心裡的負擔不會太重嗎？

因此，人每天在動亂裡，在妄念裡，要能有一點禪定的修養，才能把散亂的心收攝回來。有了禪定，所謂「逢山開路，遇水搭橋」，心裡的煩惱也就能很快地找到出口，不會一直難以忘懷了。

現代人常常要為生活、為事業忙碌，所以擁有禪定功夫，非常重要。一個人一天當中，若能養成打坐的習慣，例如，早上起來，在床上坐個三、五分鐘，甚至在辦公室的椅子上，靜靜地坐上幾分鐘，都比躺在床上睡覺更容易恢復疲勞。

人有了定力，才能人忙心不忙；人生有一點禪定，才會感覺安樂、放曠、解脫。一個人心中有禪，萬事放下，則人生逍遙自在、來去自如！

爾時，世尊而說偈言：「見人修善說正法，不生謗毀加留難，如來塔廟施燈明，修習諸禪遊佛刹。」

那時，佛陀就說偈語：「看到人家修習善行，講說正法，不予毀謗，也不予障礙，並點燈供養諸佛塔廟，勤於修持禪定，如此便能自在遨遊諸佛國土。」

幸福第六道——怎樣成為受歡迎、沒有怨敵的人？

復次，妙慧！菩薩成就四法，處世無怨。云何為四？一者、以無諂心，親近善友；二者、於他勝法，無嫉妒心；三者、他獲名譽，心常歡喜；四者、於菩薩行，無輕毀心。

人和人之間之所以有怨，說來不是為了爭奪利益，就是處處比較計較所造成。但彼此怨恨的結果，受害的往往是自己。所以，如何處世無怨，是每個人必須學習的課題。如果人人都能以慈悲去關懷別人，以風趣去營造相處的和諧，以寬容去原諒別人所犯的錯誤；凡事從改變自己開始，自然不招怨恨。

在此，佛陀告訴妙慧，在世間與人相處，要處世無怨，必須做到以下四點：

●一——直心結交善友

孔子說過一段至理名言：「益者三友，友直、友諒、友多聞。」也就是善友要具備三個條件：正直無私、誠信包容、博學多聞。

朋友有很多種，有吃喝玩樂的朋友，有虛情假意的朋友，有共同創業的朋友，有同甘共苦的朋友，而最好的朋友，則貴在誠信、正直、體諒。所謂「善友第一親」，我們的身體有病了，要找醫師治療；心靈有病了，則要靠善知識解憂、開導。所以，結交心正意直的善友也就格外重要。

一般人交朋友，對於屈躬諂媚的小人，總是比較討人喜歡；正人君子，直言直語，反而不受歡迎。其實，阿諛奉承的人，話雖說得好聽，卻不真實，不足以取信。所以，吾人親近善友，也應該「不阿順以取容，不迎合以求悅」，說該說的話，做該做的事，不趨炎附勢，不阿諛獻媚。

一個人能有好人緣，不是靠阿諛奉承就能獲得，而是靠我們真心誠意為人服務而來。只要你處處幫助人，還怕得不到友誼嗎？

春秋時代，齊國的宰相晏嬰死後，一直都沒有人能當面指諫齊景公的過失，景公因此常感到苦悶。

有一天，景公宴請大臣，席散後，一起到廣場去射箭。每逢景公射一支箭，即使未射中，大臣們也是高聲喝采：「射得好呀！射得好呀！」

景公就把這件事對臣子弦章說。弦章表示：「此事不能全怪那些大臣，古人曾說：『上行下效。』國王歡喜吃什麼，大臣就歡喜吃什麼；國王歡喜穿什麼，大臣就歡喜穿什麼；國王歡喜大臣奉承，自然大臣們也就常向國王阿諛奉承。」

景公聽了，覺得弦章的話十分有理，就賞給弦章很多珍貴的東西。

弦章搖頭說：「那些阿諛奉承國王的人，就是為了要得到國王的賞賜，今天若我接受這些賞賜，不也變成了阿諛奉承的小人了嗎？」

所以，一個人被人批評不可怕，受人阿諛才可怕。

阿諛，是人類最醜陋的行為，所謂「好阿諛則是非之心起」，一個人處處拍人馬屁，必然存心不良；善於逢迎諂媚，必為正人君子所輕。因此，是智者，不以諂媚之言惑人，也不為諂媚之言所動。

一個修行人最忌諱的就是攀緣諂媚，《佛遺教經》說：「諂曲之心，與道相違，是故宜應質直其心。」以花言巧語、欺詐取巧和人往來，終究不能長久，只有常保一顆正直的心，才能獲得他人真正的尊敬，也才禁得起時間的考驗。這就是佛陀說的「以無諂心親近善友」之要義了。

●二——不生嫉妒之心

人的毛病，有的隱而未現，有的顯而易見，「嫉妒」則是很容易被看出的毛病。因為嫉妒的心理往往會形之於相，從態度上、言行舉止間，就能察覺得出。例如，常有人說：「我不喜歡買名牌。」「我不喜歡穿名牌。」事實上則是因為他自己不得擁有，所以嫉妒別人買名牌、穿名牌；有的人說自己不歡喜和官員、富商巨賈往來，其實也是因為求不得，所以嫉妒別人。

人會產生怨恨，很多時候是因為自己不能擁有，進而嫉妒他人所造成。例如看到別人長得比自己漂亮，考試成績比自己好，比自己會做事，比自己能幹，心裡就排斥、嫉妒，不容於他人，漸漸地也就產生怨恨了。

以前普門中學有一位女學生長得很美麗，人稱「校花」，但是有的人卻不歡喜他，看見他就要說：「漂亮有什麼了不起？」我聽了這話之後，有一次在週會上，就對學生說：「漂亮有什麼不好？難道大家希望我們普門中學的學生都是醜八怪嗎？他如果當選中國小姐，我們也與有榮焉啊！」

嫉妒，往往是由於自己心量狹小，不懂他人獲得榮耀，我們也可以沾光、分享所造成。他偉大、他榮耀，我可以說他是我的同鄉、同事、同學，這又有什麼不好呢？

有個大富翁的太太生重病即將過世，他很捨不得，就請來一位名畫家，為他的妻子畫一幀遺像，並要求畫得愈像愈好，因為他要留作紀念。臨終的夫人知道富翁的心意後，點頭同意讓畫師作畫，但私底下吩咐畫師說：「我頭上的寶冠要畫上很多的鑽石，我身上的衣服也要畫很多寶石。」

畫家覺得奇怪，左思右想，忍不住問道：「夫人，您戴的寶冠上明明沒有鑽石，為何要畫鑽石呢？您的衣服已經非常華麗了，為什麼要無中生有畫寶石呢？」

這位夫人在病床上冷冷地笑起來：「畫師呀！你要知道，我死了以後，我先生一定會再娶個妾作填房，我辛苦一生為先生攢聚的家產都歸他享用，這樣太便宜他了，我要讓那個女人永遠不得安寧。你替我把寶冠、衣服都畫滿鑽石、寶石，這樣，那個女人一定會跟我的先生吵說：『那個老太婆有那麼多的鑽石，為什麼我沒有呢？』讓他們早也吵，晚也吵，永遠不得安寧！」

自己享受不到，也不讓人享受；自己沒有，也不讓別人擁有；自己不好，也不讓人好，這就是嫉妒的醜陋心態。

人，要能互相助成、互相讚歎，不要只准自己建高樓，卻不許別人住洋房。其實，別人建房子，我可以在走廊躲雨；別人建公園，我可以進去散步、乘涼；別人建百貨公司，我就多一個購物的地方；別人開工廠，我就多一個謀職的機會，我不但要為他歡喜，也要感到與有榮焉才是。

人我之間的相處，只要能不嫉人有，不妒他勝，懂得知足，自然也就沒有怨恨了。

● 三——樂於分享他人的成就

對於他人獲得好名聲，我們本要心生歡喜，給予讚美，甚至當他是我們的善知識，效法他的善行。可是有一種人，看到朋友得意，他很難過；看到朋友快樂，他心底不悅。反之，看到朋友落難，他心裡歡喜；看到朋友不快樂，他幸災樂禍，這實在是很不應該的行為。

過去，有一個師父，雙腿患有風濕關節炎的毛病，每當疼痛難耐時，兩個徒弟就會幫忙按摩，大師兄按摩左腿，小師弟按摩右腿。每次大師兄為師父按摩時，師父都會在他面前誇獎小師弟按摩的功夫多麼好，大師兄聽了也就不太高興。同樣地，當小師弟為師父按摩時，師父也會在他面前誇讚大師兄按摩得如何好，小師弟聽了也一樣不歡喜。

有一天，趁小師弟不在家，大師兄就想：「我要把你按摩的右腿折斷，好讓你回來後沒有腿可以按。」於是硬生生地就把師父的右腿折斷了。小師弟回來，沒有腿可以按摩，心想一定是師兄搞鬼，也把師兄按摩的左腿給打斷了。兩個師兄弟互相不歡喜對方比自己好，最後受害的卻是師父。

真正有愛心的人，才能歡喜別人的榮耀；真正有肚量的人，才能分享別人的成就。有一句話說：「青出於藍，更勝於藍。」父母不會嫉妒兒女的教育程度比自己高，所以就能培育出博士、碩士的優秀子弟；老師不會嫉妒學生的成就比自己高，所以有謂「沒有狀元老師，只有狀元學生」。如果連父母、師長都要嫉妒兒女、學生，不就要「麻布袋、草布袋，一代不如一代」了？這樣的結果，國家社會又怎麼會有所作為，有所進步呢？

所以，我們應該養成「見好隨喜」、「見能讚歎」、「見美說好」、「見善宣揚」的美德，當朋友獲得了美譽，要為他歡喜；當朋友被稱讚很有學問、很有道德，要和他一起高興；朋友得到名位，就好比我的榮耀、我的名譽，我要感到與有榮焉。能夠放大心量，做一個與人分享成就的人，豈不善哉？

• 四——讚歎別人的善行

俗話說：「毀謗人、欺侮人，必損其陰德。」然而有的人見你行善，他就不歡喜；知道你是正派的人，他就要毀謗你；知道你是實實在在的人，他就要批評你。若是別人找我們麻煩、毀謗我們，尚且可以學習忍辱，效法布袋和尚：「有人罵老拙，老拙只說好；有人打老拙，老拙自睡倒；有人唾老拙，由他自乾了，你也省力氣，我也少煩惱。」瀟灑以對。但如果是我們毀謗他人，那也就應該自我反省了。

關於惡人害賢的輕毀過患，《四十二章經》裡有很好的說明：一個人如果毀謗別人，則如「仰天而唾，唾不汙天，還汙己身；逆風揚塵，塵不至彼，還坌己身」，最終傷害的還是自己。

所謂「泰山不辭細壤，故能成其高；大海容納百川，故能成其大」，世間上，人我之間都具有密切的關係，因此，吾人應該培養包容的雅量和隨喜的胸襟，對於別人行善、服務社會，應予以隨喜助成，不該惡意中傷、批評；社會上能有很多人做好事，才是大眾共同的幸福。

說到毀謗，一個人身處在人群中，難免會遭受他人的譏諷詆毀，就是偉大的佛陀，相信他的人，說他是聖人，是佛祖；不相信他的人，則也要說他是魔鬼，是壞人。

過去有一個外道收買了一位風塵女郎，他在佛陀講經的場合裡，大聲吆喝：「釋迦！你講經講得很好，不過，你在我肚子裡留下的孩子，你說該怎麼辦才好呢？」

現場的人聽了都為之譁然，議論紛紛。不過，佛陀一句話也沒有作解釋，倒是在座的目犍連尊者運用他的神通力一探究竟，而揭穿了那個女人的陰謀。只見那女人肚子上綁木盆的繩索給弄斷，木盆滾了下來，終於真相大白。

在人生旅程裡，多少人給予我毀謗批評，我也都將它視為做人處世的逆增上緣。例如，我一生為了提升婦女地位，始終盡最大的努力，但卻因此遭人批評：「星雲大師是婦女工作隊的隊長。」意思就是說我太重視婦女的地位。不過我覺得我是實踐佛陀講述「眾生平等」的真理，這是正當的事、應該做的事，也就不去計較個人毀譽了。

若說傷害毀謗能增加人的福德因緣，我想，我的福德因緣應該就是從忍受別人批評、毀謗而來的吧！

佛陀說：「修道人若不能忍受毀謗、惡罵、譏諷，如飲甘露者，不名為有力大人。」所以，一個修行人要能有如磐石般，不輕易為毀謗動搖的心志，才是真正有力量的人。

有一天，蘇東坡大學士做了一首詩：「稽首天中天，毫光照大千；八風吹不動，端坐紫金蓮。」形容自己打禪的悟境。詩寫完後，很得意地叫書僮坐船過江，送去給金山寺的佛印禪師看。佛印禪師看後，草草地寫了幾個字在上頭，請書僮帶回去給蘇東坡。

蘇東坡原以為佛印禪師會對他的詩作大加讚美，一看上面寫著「放屁」兩個字，火冒三丈，立刻趕往禪師住處興師問罪，並且忿忿地責問。

佛印禪師見狀，哈哈大笑說：「學士、學士，你不是已經八風吹不動了，怎麼一屁就打過江了呢？」

一個人要不受境界之風動搖並不容易，不過，對一個修行人來說，毀謗是修行道上的養料，能成就我們的道業，是莊嚴自己，增長福德智慧的助緣。所以，我們要學習把別人的毀謗，看作是一種激勵、助力，而不是阻力，面對惡意的毀謗攻擊，想想那是替自己消災滅罪，內心也就會釋懷了。

反之，對於他人做好事，我們則應該給予助力，不應心存打倒對方的想法。人類的文明是眾人心血智慧所共成，彼此助成，彼此合作，才能造福社會。何況人道有虧，妄求佛道又如何能夠成就呢？

爾時，世尊而說偈言：「不以諛諂親善友，於人勝法無妒心，他獲名譽常歡喜，不謗菩薩得無怨。」

那時，佛陀就說偈語：「我們不應該用諂媚阿諛之心對待親朋善友；對於別人比我好、比我能幹，不應該生起嫉妒的心；他人得到名譽，我們要生歡喜心；對於菩薩行者，不應加以輕侮、毀謗，如此才能得到處世無怨。」

幸福第七道——

怎樣才能講話使人信任、歡喜接受？

復次，妙慧！菩薩成就四法，所言人信。何等為四？一者、發言修行，常使相應；二者、於善友所，不覆諸惡；三者、於所聞法，不求過失；四者、於說法者，不生惡心。

上一講提到的「處世無怨」和這一講的「所言人信」都是現世的行持圓滿，與「受端正身」、「得富貴身」、「眷屬不壞」的受用圓滿相呼應。

古人云：「人無信不立。」「信」之一字，乃「人」「言」也，所以一個人所說的話，就代表他的信譽。換句話說，一個人說話要能「所言人信」，最重要的就是講信用。

信用是人的第二個生命。一個人說話不誠實，信用破產了，也就會到處行不通。因此，佛陀告訴妙慧，說話要使人信受，應做到以下四點：

• 一——言行一致，說到做到

做人最重要的是要「言而有信」。一個人沒有金錢、名位，算不了什麼，但是如果失去了信用，就是花錢也買不回來。孔子說：「人而無信，不知其可也。」就是佛陀，也鼓勵弟子要「解行並重」。因此，一個人如果說的是一套，做的又是一套，那麼再多計畫、言論，又有何用呢？

過去，有一個名叫張三的修道人，每當他禪坐時，都會有一隻蝨子來咬他，最後他忍無可忍，就跟蝨子立誓約定說：「無論如何，我打坐的時候，你不能來咬我，等到我出定之後，再布施一點血給你。」張三、蝨子二者約定後，彼此也就相安無事。

但是有一天，與蝨子同是難兄難弟、共同生活的跳蚤，聞到了張三身上香醇濃郁的血味，垂涎欲滴，實在忍不住，就想在張三的身上好好地飽餐一頓。蝨子看到跳蚤跳到張三的身上，立刻上前制止，說：「你千萬不能亂來，我已跟張三有約在先，要等他出定才能咬他。」可是跳蚤才不管蝨子與張三有什麼約定，狠狠地就將張三的皮肉一口咬了下去。張三感覺有個東西咬他，就想：「哼！這個臭蝨子竟然不守信用。」

在盛怒之下，張三把衣服脫下來，放了一把火就把它給燒了。蝨子、跳蚤也就這樣同歸於盡了。

日常生活中，人事互動，時時都在考驗一個人是否守信用，例如約會守時否？講話誠信否？承諾兌現否？能守信用的人，一句話勝於法律，輕諾寡信的人，即使訂了契約，也難保不毀約；言而無信，又如何安身立命呢？

有甲乙兩個和尚想到普陀山去朝聖，甲和尚雖然窮，但是說過以後，就開始計畫以步行的方式去普陀山。當他把構想說給好朋友乙和尚聽時，乙和尚卻說：「你一貧如洗，要怎麼前往呢？我奉勸你還是跟我一樣，等一切都準備就緒後，再前往也不遲啊！」甲和尚聽後就說：「我只要一支錫杖、一個缽，還有我這兩條腿就可以了。」不久，甲和尚便出發前往朝聖，而富有的乙和尚心裡則是想：「反正我有的是時間和金錢，等到有空再搭船前往也不遲。」

就這樣，經過了一年，甲和尚從普陀山朝聖回來了，而乙和尚則仍未成行。

所謂「坐而言，不如起而行」，一個人只說不做，是永遠不能成辦事情的，唯有透過實際的行動，才能完成目標。

所以，一個人若想把人做得健全，能說能行、言行一致很重要。信用是維繫世情倫常的道德，守信用則必然能受人尊重。

• 二——透過善友，改正缺失

俗話說：「在家靠父母，出外靠朋友。」人在世間生活，不可能單獨存在，需要眾緣來成就，而朋友就是重要的因緣之一。因此，佛教裡經常鼓勵人要親近善知識，與善友相交。

什麼是善友？愛護我、歡喜我的，不一定是善知識，罵我、打我的，也不一定就不是善知識。所謂善知識，在生活中，大家不分年齡長幼，彼此思想沒有隔閡、代溝，能提供中肯的意見，你做對了，他支持你、鼓勵你；你做錯了，他指正你、勸導你，也就是對我們的前途能有所指引，對我們的人格能有所指正，幫助我們向上、進步的人。

漢朝的嚴子陵曾對他的後輩說，要親近善友，切莫親近惡友，因為「刻鵠不成尚類鶩，畫虎不成反類犬」。所以，我們交朋友要交知恥的朋友，要交有義的朋友，要交有信的朋友，要交有道的朋友。

除了和善知識相交，自己也要能成為別人的善知識。與朋友往來，要讓對方覺得與我為友，是很榮耀、很歡喜的事，如果朋友不喜歡你，老是要拆你的台或背後說你壞話，那也就有必要自我檢討了。

現在社會上，有許多人與朋友相交是以利益為導向，你對他有好處時，他天天巴結你；你對他沒有好處時，他馬上調頭而去，甚至接近你，是為了你的人脈、你的財富而來。像這樣的朋友，只能結個點頭善緣，做個泛泛之交。但善知識就不一樣了，在你孤獨寂寞、沒人理睬時，他不嫌棄你，反而給你慰藉、鼓勵，作為你的依靠。

善友正直有德，能導人向正，所以在善知識面前，不應隱瞞自己的過失或惡事，在善友的規勸、指導下，我們的人格才能日益提升。一旦隱藏覆蓋缺失，善知識無從提出建言，也就如同船隻失去了燈塔的指引，人格就要愈來愈墮落了。

佛光禪師有一次見到克契禪僧，問道：「歲月匆匆，你自從來此學禪，已有十二個秋冬，怎麼從來不向我問道呢？」

克契禪僧答道：「老禪師每天都很忙碌，學僧實在不敢打擾。」

時光迅速，一過又是三年。有一天，佛光禪師在路上又遇到了克契禪僧，再問道：「你在參禪修道上，有什麼問題嗎？怎麼不來問我呢？」

克契禪僧回答：「老禪師很忙，學僧不敢隨便和您講話！」

又過了一年，克契學僧經過佛光禪師禪房外面，禪師再對他說：「如果你今天有空，請到我的禪室談談禪道。」

克契禪僧趕緊合掌作禮，說道：「老禪師很忙，我怎敢隨便浪費您老的時間呢？」

佛光禪師知道克契禪僧過分謙虛，不敢直下承擔，再怎麼參禪，也是不能開悟。於是又一次遇到克契禪僧時，就說：「學道坐禪，要不斷參究，你為何老是不來問我呢？」

克契禪僧仍然回答：「老禪師，您很忙，學僧不便打擾！」

佛光禪師當下大聲喝道：「忙！忙！為誰在忙呢？我也可以為你忙呀！」

佛光禪師一句「我也可以為你忙」的話，打入克契禪僧的心中，克契禪僧當下有所悟入。

善知識就是一個「可以為你而忙」，為你直指真心，給你勸解，給你幫助，引導你趣入正道的人，所以我們在善友面前，要坦誠以對，直心相交。

●三——聽人說法，不予批評

佛法中，一切功德都是由聞法而來。聞法能獲四種功德：能知諸法、能遮眾惡、能斷無義、能得涅槃。所以，聽聞善法，虛心實踐，便可受益。

不求過失，也就是一種包容。人與人之間相處，貴在相知相惜，不應以己之長而顯人之短，而要互相包容尊重，欣賞別人的優點。所謂「見賢思齊，見不賢而內自省」，人皆有所長，也有所短，取其長而用之，恕其短而容之；看他好的一面，不看他壞的一面；學習他的長處，而不去注意他的短處，才是人我相處之道。

在佛門裡，親近善知識聽經聞法，更應該建立「於所聞法，不求過失」的態度。佛經裡譬喻，聽聞佛法必須「如器受於水」，一個人如果心存貢高我慢，則智慧之語難以進入心中；有先入為主的偏見，則再好的道理也無法納受，就如同水盆中有了雜質，再乾淨的水也要遭受汙染。

有一天，神仙向森林中的動物說：「我具有神奇的力量，如果大家對自己的相貌有所不滿意，我可以幫助你們修改。」

隨後，神仙就詢問猴子：「你對自己的長相滿意嗎？」

只見猴子趾高氣揚地回答：「我覺得自己很美，經常都有人仰慕我呢！我看你還是去幫馬大哥的長臉修一修吧！」

馬聽了猴子的說法，心裡很不是滋味，就說：「我對自己的長相很滿意，還有人找我當明星呢！我看你還是找象妹修他的長鼻子吧！」

象聽了之後，害羞地說：「我的鼻子帶給我很多方便，舉凡吃飯、洗澡都很便利，還是請仙人幫孔雀姐姐灰灰的尾巴修改一下，讓牠更美豔動人吧！」

孔雀很不好意思，只有說：「我的尾巴的確不好看，請您幫我修一修。」於是仙人便掏出了一顆仙丹讓孔雀服下。

隔天清晨，孔雀灰暗的尾巴頓時變成了絢麗的七彩，吸引了森林裡所有動物驚奇的目光。

修正、改過是一個人進步的門路。同樣的，聽聞佛法也要能蠲除自己的成見，虛心接受善知識的教導，有朝一日，修行才能有所成就。所謂「至道無難，唯嫌揀擇，但莫憎愛，洞然明白」，佛法是無私的法，一個人如果能抱持正確的心態聞法，將疑心昇華為信心，將慢心昇華為恭敬心，必能在生活中真正受用佛法。

• 四——虛心受教，去除我執

佛經有云：「佛法難聞，良師難遇，人身難得，諸根難具。」尤其「良師難遇」，就像千里馬易得，而伯樂難求。

善知識是學佛的增上緣，能夠引導人趨向正道，成就人的法身慧命。所以，對於善知識，我們要有堅固的信心，在他說法開示時，虛心納受，才能獲益。

記得我十五歲受戒時，要經過老師口試。老師一見到我就問：「你來受戒，是自己要來的，還是師父要你來的？」

我很理所當然地就回答：「是我自己要來的。」沒想到老師拿起一把籐條，就往我身上打了十幾下，再輕描淡寫地說：「你真是豈有此理，師父沒叫你來，你自己就來了。」

聽老師這麼一說，我心裡就想：對啊！我怎麼沒有說是師父叫我來的？輪到下一位老師問話，還是同樣的問題：「你來受戒，是你自己要來的，還是師父叫你來的？」

已經有了一次經驗，這次我就回答：「老師慈悲，是師父叫我來的。」結果還是挨了一頓打。

被打了以後，老師說：「你真是豈有此理，如果師父沒有叫你來受戒，難道你就不來了嗎？」

我再想：老師打得也有道理。

再換另一個老師，仍是同樣的問題，前面已經被打過兩次，有經驗了，於是我就回答：「老師慈悲！是弟子發心要來，師父也有叫我來。」

自以為這次回答得很好，結果老師仍然是一頓打，打了半天後就說：「你好滑頭啊！」接著又換另一個老師，不等他開口，我就把頭伸過去說：「老師！你要打就打吧！」當時心裡是這麼想的：這樣也不對、那樣也不對，那我就不要再說、不要再辯解了。

我十二歲出家，住在大叢林的僧團中達十年之久，之所以能通過十年苦行的教育，是因為我有一個很好的觀念：當受到委屈、被人欺侮、遇到逆境時，都認為是「當然的」，即使不合理，也認為是「當然的」。

那時年紀小，對於師長故意委屈我、處分我的教育方式，當然也會感到無情無理，一直到了多年後，年歲漸長，才終於體會到老師的用心良苦。「以無情對有情，以無理對有理」看似不講究情理，實是在磨鍊我們的心志，養成我們獨立的性格。無理的教育打去了我的習氣，也打去了我的執著；能在無理之前認輸，將來在真理面前又怎麼會不服從呢？所以，現在回想起來，我實在很幸福，因為那種無理的教育對我一生幫助很大。

這就像禪門中有名的「德山棒」、「臨濟喝」，以棒喝去除我們無始以來的妄念我執，顯現清淨無染的本性。在禪堂裡參禪，無理三十棒，有理也是三十棒，無論打也好、罵也好，看起來似乎都與佛法無關，甚至讓人覺得不近人情，但事實上，佛門為了加速一個人道業的完成，為了讓人求證佛法大道，有時也不得不如此。

就像密勒日巴尊者的師父馬爾巴大師，為了磨鍊密勒日巴的耐力，要求他搭建房子，幾次蓋了又拆，拆了又蓋，稍不合適，就給予鞭打，以種種慘無人道的方式來為難他。然而密勒日巴尊者始終都能忍受下來，最後終於證得阿羅漢果位，成為一代上師。

現代青年所受的教育和過去大不相同。許多年輕人，當你教訓他的時候，他都有辯解的理由，常常是：我認為、我以為、我想、我要、我覺得……而不肯承認自己的錯誤；因為理由太多，也就不容易進步。

其實「有理是訓練，無理是磨鍊」，能接受多少無理的要求，就會有多少佛法的成就。無理並非都不好，就像有的植物，你天天為它施肥澆水，有時反而長得不好，反倒是故意幾天不澆水，它長得綠意盎然。所以，無理也如同是一種養分，可以激發人的力量。

因此，對於善知識的指導，我們應心存感恩，不要心有不服。果能如此，則將來或有一點成就、一點人緣、一點前途，為人處世也就成功一半了。

爾時，世尊而說偈言：「發言修行常相應，己罪不藏於善友，聞經不求人法過，所言一切皆信受。」

那時，世尊就說偈語：「一個人若能言行一致，於朋友面前不隱藏自己的錯誤，聽經聞法時，對於說法者能夠不生惡心惡念，『觀德莫觀失』，乃至對於開示之法歡喜信受，不求過失，那麼所說的話就能令人相信了。」

幸福第八道——怎樣才能免除修行時的障礙，得到清淨？

復次，妙慧！菩薩成就四法，能離法障，速得清淨。何等為四？一者、以深意樂，攝三律儀；二者、聞甚深經，不生誹謗；三者、見新發意菩薩，生一切智心；四者、於諸有情，大慈平等。

所謂「法」，廣義來說，指的就是宇宙萬有，舉凡一花一草、一人一事，乃至於一個念頭，都是「法」，但此處所指則是三寶中的法寶——佛法。

佛陀告訴妙慧，修持佛法要想遠離障礙，獲得身心清淨，應做到以下四點：

● 一——遵守戒律，清淨自在

佛教戒律分有通戒、別戒。三聚淨戒是通戒，凡發菩提心的僧俗四眾皆得受持；別戒則為七眾弟子各別制定的戒律。

所謂「三聚淨戒」，融合了止惡的攝律儀戒、行善的攝善法戒、利他的饒益有情戒，是聚集了斷諸惡、修善法、度眾生等三大門的一切佛法。其中，攝律儀戒，包括五戒、十戒、具足戒等一切戒律，遵守受持就能防止過惡；攝善法戒，即發心修習善法，以諸善為戒；饒益有情戒，即發心廣行利益眾生之事，以利生為戒。

在三聚淨戒中，佛教特別重視「饒益有情戒」，有時為了救人，即使要負因果，也不感畏懼。例如佛陀在因地修行時，見一名盜匪要殺害五百個商人，為了救人，不得已而殺害盜賊。這是為了慈悲救人而殺，非瞋恨而殺，非好殺而殺，也就不能與片面之仁相提並論。

戒律是佛陀為調伏弟子的心性所制定的規矩，就像學生要遵守校規，軍人要服從紀律，國民要奉行法律一樣。身為佛陀的弟子，除了皈依三寶外，更要受持戒律，若能如此，身口意三業也就不會有差錯。

戒的意義是不侵犯人，尊重而不侵犯他人的自由，就是持戒守法的表現。所以，一個人說話若無益於人，則戒之莫言；舉心動念若無益於人，則戒之莫起；舉手投足若無益於人，則戒之莫行。

《佛遺教經》說：「戒是正順解脫之本。」戒能將人們的身心導入道德的正軌，進而讓人邁向自由、解脫的大道。但是一般人往往以為持戒是束縛的，這不能做、那不能做，這樣不可以、那樣不可以。其實，持戒是最自由的，試想在監獄坐牢的人，不就是因為犯了五戒，才失去自由的嗎？

持戒還要能把握住戒的精神，能用於自我管理、度人救世，才是戒的真正意涵，而不只是拘泥於戒相。就好比喝茶，不管你是用碗、茶杯或是瓢子，只要個人喜歡就好，這本來就不是什麼嚴重的問題，但是如果在團體裡面，你就不能有特權，例如我們都用茶杯，就不可以只有你一個人用碗，凡事要以團隊為重，這就是戒律。

持戒首重存心，若外表守戒如儀而內裡存心不良，陽奉陰違，也不算是持戒；若是外行方便而內猶守戒，則仍不算破戒，譬如六祖惠能大師在與獵人共住的十幾年間，儘管吃的是肉邊菜，並無礙於他的修行。

持戒有「防非止惡」的力量，但是也有的人因為害怕犯戒，就不敢受戒，其實受戒而犯戒，只要有懺悔心，就有得救的機會。何況不受戒，並不表示犯了戒就可以不受罪業果報，反而是受戒知道懺悔改過，能減輕罪業。

佛教的「戒定慧」三學，戒學居首，依戒才能生定，依定才能發慧，有了智慧才能免於沉淪生死苦海，所以持戒是解脫的途徑之一。相對的，不持戒，卻希求解脫，正如《大智度論》所說：「就像無足欲行，無翅欲飛，無船欲渡，是不可得。」

持戒的功德在《長阿含經》中如此說：「諸有所求，輒得如願；所有財產，增益無損；所往之處，眾人敬愛；好名善譽，周聞天下；身壞命終，必生天上。」由此可知持戒的利益無量無邊，一個人能夠生活在戒法的規範之中，一切都將感到清淨、安然、瀟灑、解脫、歡喜。

那麼，在這個眾緣所成的世間，人們當如何將戒的精神運用在群我關係中呢？我與金錢，要能知善用；我與衣食，要惜福不奢；我與身心，要淨化莊嚴；我與朋友，要真誠對待；我與大眾，要慈悲相處；我與社會，要廣結善緣；我與世界，要注重環保；我與自然，要共生一體。

《華嚴經》說：「戒為無上菩提本。」持戒是一切修行的根本，能昇華我們的人格，改變我們的命運；人人持戒，則社會必然祥和安樂。

• 二——聽經聞法，不生毀謗

所謂「佛法大海，唯信能入」，在人生的苦海裡，唯有依靠「信仰」這艘大願船，才能安然度過生死大海的此岸，到達涅槃的彼岸。信如根，信仰的重要就像樹根一樣，依靠信仰之根，在佛法中修行，才能奠定人生的根基，到達解脫的境界。

佛陀所說的法，都是他親證的真理，非常殊勝。不過，有的人聽聞甚深法義，非但不能珍惜，還要給予批評、毀謗，實在可惜。

有一天，舍利弗於鹿母講堂說法，現場大眾無不安靜聆聽。這時候，佛陀與阿難弘法歸來，為了避免干擾，便站在門口，等到舍利弗說法結束，才進入屋內。

事後，阿難非常感動佛陀對弟子的愛護，而向佛陀提起此事。佛陀便說：「阿難，我這麼做雖然是對舍利弗的愛護，但更重要的是為了尊敬佛法啊！」

佛陀舉個譬喻說：「假如把一塊大石頭往大海裡扔，很快地，石頭就會下沉。但是如果把它改放在船上，由船隻來運載，則石頭也就不會下沉了。佛法如同慈航，能運載眾生渡過生死苦海，所以每一個人應該敬法如敬佛。」

所謂「人身難得，佛法難聞」，今得獲人身，又遇佛法，怎能不把握呢？聽經聞法，主要是教導我們如何了脫生死、斷除煩惱，開示我們如何得大涅槃，證得永恆的生命。所以，聽聞甚深經典應心生信解。

《金剛經》云：「若是經典所在之處，即為有佛。」佛陀之所以是佛陀，因為他證悟了法性，與法性融為一體。所以，法在即佛在，信法也就是信佛；不相信法，不恭敬法，又如何能識得佛的真身呢？

• 三——不忘初心，護念初心

什麼叫作「一切智」？《俱舍論》云：「於所欲知境，無倒智起，故名一切智。」也就是指了知一切世界，眾生界，有為，無為事，因果界趣之差別，及過去、現在、未來三世的覺者。

佛教常教修行人要「不忘初心」，也就是告訴我們要時時護念最初的發心。《華嚴經》說：「初發心時，便成正覺。」因初發心菩薩的心，就像佛心般清淨，所以吾人應予以尊敬。因此，無論做人處事或學佛修行，都應以發心為首，立願為先。發心才會有力量、有功德，才能不退轉；發願才會有目標、有方向，才能有成就。

初發心者，有的發心皈依，有的發心受戒，有的發心出家，心意真切，深具道心，勇猛精進，若能保持不退，必然成佛有餘。

可惜現代人心力不足，往往做一點好事，沒有獲得鼓勵讚美，就退心了；或者受到人家一點閒話、幾句毀謗，就心生厭倦。俗話說：「學佛一年，佛在眼前；學佛二年，佛在天邊；學佛三年，佛化雲煙。」修行若如此，又怎能成就呢？

有一個老和尚帶著一位沙彌外出行腳，兩個人走過了廣闊的叢林，越過了無數的山嶺，一路上彼此照應。有一次，小沙彌生起這樣的一念：「人身難得，還要經歷種種生老病死輪迴之苦，實在苦不堪言啊！既然我要修行，就應該立志當菩薩救度眾生，精進不懈！」

才想到這裡，走在前面的老和尚突然停下腳步，對沙彌說：「把行李放下，讓我來背，你人走到我的前面去。」

小沙彌對老和尚所說的話，感到莫名其妙，不過仍然依照老和尚的指示，走在他的前面。走著走著，小沙彌又想：「做一個菩薩，要布施、持戒、忍辱、精進、禪定、般若，要吃很多苦，且苦難的眾生又那麼多，我要到哪一天才能度盡一切眾生呢？我看還是獨自過著自在逍遙的日子，可能會比較好。」

才生起這樣一念，後面的老和尚就立刻喊了一聲：「你給我停下來！」

這時，老和尚又叫小沙彌把包袱背好，跟在他的後面走。

一個人立志發心，不能只有「五分鐘熱度」，不能像朝露般，太陽升起，就瞬間蒸發，所謂「露水道心」也。例如有的人染上陋習，發誓改過向善，可是過後不久就忘得一乾二淨；有的人聽到善行義舉，立刻發心參加，可是熱得快，卻冷得也快。花草樹木播種之後，況且還要經由陽光、空氣、水的滋潤，才能開花結果。所以，佛教講學佛修道要發長遠心，一步一步修行，不退轉，終有一天才會成就。

世間上最寶貴的能源、最殊勝的財寶，不在地底下，不在深海裡，不在銀行裡，不在荷包內，而是在我們的心中。農田必須開發，才能播種、耕耘、收成；土地必須開發，才能建造樓房，發展事業。我們的心如田、如地，也必須經過開發，才能產生無限的功用。

例如，將慈悲心開發出來，就能人我一如，無怨無悔；將智慧心開發出來，就能深入法海，自利利他；將慚愧心開發出來，就能虛懷若谷，不斷進步；將歡喜心開發出來，就能利樂眾生，永不退轉。

甚至於發心吃飯，就能吃得飽足；發心睡覺，就能睡得香甜；發心走路，就能走得長久；發心做事，就能做得起勁。生活的一切都要靠發心，才能進步增上，圓滿完成。

但是所謂「初發心容易，恆常心難持」，縱觀世間上「久病床前無孝子」，乃至徒喊愛國口號而不付諸行動的人，多不勝數。其實，學佛修行乃至於從事任何工作，都要經得起時間的考驗，經得起麻煩苦惱的挫折，耐得住千辛萬苦的磨鍊，才能有所成就。因此，修行不要想求速成，要老實薰習受教，儘管遭遇困難，也要以「不忘初心」自我勉勵；一個肯對自己的承諾負責的人，在學佛道上就不容易退心。

當年我年紀小出家，上課聽不懂，又不可外出、會客，更別說回家，所以心裡也就很苦，可是想到出家是我自己發心的，沒有人強迫我，無論如何，也要把苦給吞下。就這樣，數十年來，修行如一日，在「不忘初心」之下，一切酸甜苦辣都「想當然爾」，日子也就過得安然自得了。

有的人經營事業，一旦遭遇困難，就視為窮途末路；有的人讀書，剛開始立志發憤圖強，最後卻覺得辛苦而無法堅持；有的人開開心心結婚，最後卻因為個性不合鬧離婚。其實，想想當初自己為什麼要從事教育？為什麼要開創事業？為什麼要跟這個人結婚？最初的發心，如果能夠不忘記，也就不會被困難打倒了。

學佛也是一樣，要不忘初心，對道業要精進不懈，對學業要解行並重，對事業要克盡職責，才會有力量。

過去台北普門寺有一位護法金剛廖居士，發心要在普門寺當十年義工，後來在家人的一再要求之下，舉家移民到加拿大去。可是眼看當義工已經九年了，還有一年就圓滿，他實在不甘心，於是就設想了一個方法，請來一位退伍榮民來接續他的義工工作，每個月給榮民三萬元薪資，一年三十六萬元全部付清，這樣他才放心地移民到加拿大去。

廖居士「不忘初心」的精神，實在讓人敬佩和感動。在這個世間上，一個人發財了，沒有什麼了不起，因為財富於人有好、有不好，甚至於升官也不是最重要的事情，但是一個人發心要做好人、行好事，必定對他的未來有幫助。所以，對於初發心要向真、向善、向美、向慈悲、向道德的人，我們要把他視為如佛一般地尊敬。

● 四——善待眾生，廣結善緣

「慈悲為懷」是大家耳熟能詳的一句話，但卻不一定每個人都知道慈悲的真正意義。經典上說：「一切佛法如果離開慈悲，則為魔法。」又說：「菩薩因眾生而生大慈悲心，因大慈悲心而長養菩提，因菩提而成就佛道。如果菩薩看到眾生受苦，不能引發大慈悲心，沒有想要上求佛道，下化眾生，是無法成就、圓滿佛道的。」由此可見慈悲的重要。

慈悲是大乘佛法的主要精神之一。有人說慈悲就是愛，其實，世間的愛是有染汙的，處理不當就會變成痛苦的深淵及煩惱的來源。而慈悲則是昇華、淨化的愛，是無私而充滿智慧的濟助，是成就對方的願心，是不求回報的奉獻。

世間之所以讓我們眷戀，是因為有慈悲，一個家庭如果沒有慈悲，即使布置得再富麗堂皇，也如同冰窖；一個公司如果沒有慈悲，待遇再好也留不住人才。為什麼一般家庭裡最好的位置，要讓出來供奉觀世音菩薩呢？因為觀世音菩薩代表的是大慈大悲的精神，人人都希望能將慈悲帶入家庭裡。

慈悲有很多層次，有消極的慈悲，也有積極的慈悲；有熱鬧的慈悲，也有寂寞的慈悲；有直接的慈悲，也有間接的慈悲；有廣大的慈悲，也有微小的慈悲；有一念的慈悲，也有無限的慈悲；有有緣的慈悲，也有無緣的慈悲；有有情的慈悲，也有無情的慈悲；有有求的慈悲，也有無求的慈悲；有有相的慈悲，也有無相的慈悲；有一時的慈悲，也有永恆的慈悲。

其中，廣大的慈悲，是對大眾能無私地進行布施，能平等無揀擇地幫助需要幫助的人；微小的慈悲，例如對人說一句好話，幫別人一點小忙，看起來似乎微不足道，卻足以造成一定的影響。

佛世時，有一位惡人叫作乾達多，一天他路過一個地方，看見腳下有一團黑壓壓的東西，定睛一看，原來是一隻蜘蛛，原本他一腳就要踩踏下去的，突然心生一念慈悲：這蜘蛛是個小生命，我又何必踩死牠呢？於是他把腳抬高，向前跨出一步，而救了蜘蛛一命。

由於乾達多生前做盡壞事，所以死後墮入地獄，接受刀剮火煉的痛苦。但也因為他過去的這麼一念慈悲，而得到了好的果報。當他正在地獄受苦時，空中突然飄下一條銀絲，仔細一看，竟是閃閃發亮，細如鋼絲的蜘蛛絲，他趕緊攀著蜘蛛絲奮力往上爬，哪裡知曉，地獄眾生見狀，都紛紛跟在他後面爬了上來。

這時，他突然生出一念：這根小蜘蛛絲怎麼能負荷這麼多人的重量？萬一蜘蛛絲斷了，我不就萬劫不復了嗎？於是，他就將尾隨在身後的人，一個個給踢了下去。可是當他用力踩踢同伴時，突然間，蜘蛛絲斷了，乾達多和所有地獄眾生一起掉入了無底的深坑之中。

乾達多原本一念慈悲，可以讓自己有得救的機會，卻由於不能行廣大慈悲，而又沒入生死苦海之中。

另外，有緣的慈悲，就是幫助跟我有因緣關係的親友；無緣的慈悲，就是我不認識對方，跟他沒有任何關係，但是看到別人受苦受難，也願意給予一臂之力。

再者，也有一種看似惡事，實為慈悲者。例如三茅道士中的小師弟，為了救度一位婦女，自願留下來照顧他一家人。表面上看起來，小師弟好像為五欲所動，實際上他對婦女一家人的慈悲，反而使得他比兩位師兄早得道，被供奉在神案中間，受萬民禮拜。

又例如印度波斯匿王的王后末利夫人，是一個持戒嚴謹的人，平時不喝酒也不打扮，聽說一位御廚因為得罪了波斯匿王，惹來殺身之禍。為了拯救御廚，末利夫人自願陪國王喝酒，以便提醒國王不應殺死長於燒煮的御廚。最終，由於他的這一念慈悲心，而拯救了御廚的生命。

看起來末利夫人喝酒好像破戒，但這種不顧己身利益，只為別人安危著想的胸懷，正是慈悲的菩薩行。

還有一種看似慈悲，有時反而不是慈悲的行為。例如放生是慈悲，但不當的放生反而成為間接的殺生。像有的人買食人魚去放生，乍看之下，他好像在行慈悲，可是食人魚放在水中不僅會吃掉小魚、小蝦，還可能會吃人害生，破壞生態。甚至過去有人買了很多烏龜到佛光山放生池說要放生，結果害得池裡的魚都給烏龜咬死了；也有人拿了魚來放生，卻從此不管魚的死活，還要山上的法師天天餵養。

所以，慈悲很重要，但慈悲若無智慧導引，有時也會弄巧成拙。例如有的父母供給兒女金錢無度，看似慈悲，滿足了孩子的物欲，卻反而害了他，造成他日後吃喝嫖賭樣樣來。甚至有的孩子做錯事，父母出於疼愛，不但不加以管教，還放任他隨性作為，長大後行為浪蕩，這也都是濫慈悲的結果。

現在是科技發達、文明進步的時代，然而比科技、文明更為重要的是人際溝通。如何才能達到人際間的和諧呢？唯有人與人之間都能行「慈悲」，人際關係才能臻於美好。如何行慈悲呢？我認為要做到以下兩點：

一、建立自他互易的觀念

有一個獵人歡喜捕捉動物，有一天迷了路，被野人抓走，野人把他吊起來，準備用火烤，這時他才想起自己平常也是用這種方式殘害動物，不禁感到驚恐。

古德說：「我肉眾生肉，名殊體不殊；元同一種性，只是別形軀。苦惱從他受，甘肥為我須；莫教閻老斷，自揣應何如？」大地眾生皆是同體共生的關係，所有的生命都是寶貴的，只是身軀不同；殘殺吃食，把自己的快樂建築在眾生的痛苦上，又怎麼能平等呢？

所以，為人要有同理心，換個立場替人著想，建立自他互易的觀念，慈悲心也就會油然生起了。

二、建立怨親平等的觀念

在《八大人覺經》裡有四句偈：「菩薩布施，等念怨親，不念舊惡，不憎惡人。」我們對於至親固然要照顧，對於不相識，乃至冤親債主，也要平等接納。佛陀拋棄榮華，捨棄王位，在修行的路上，他沒有武器，沒有權力，有的只是一顆慈悲心，卻能攝受當時全印度的百姓。乃至頑逆不道的提婆達多，因佛陀的慈悲，終於收斂了氣焰，乖乖地俯首懺悔；凶惡的狂象，看到佛陀慈悲的樣子，馴服地跪在佛前；喪智好殺的鴦掘魔羅看到慈悲的佛陀，終於放下屠刀，皈順在佛陀座下。所以，世間最強大的力量，不是刀槍武器，更不是權勢名位，而是慈悲的力量。

佛教一向提倡「無緣大慈，同體大悲」，慈悲是無偏私的關愛，慈悲是無分別的包容。慈悲不是工作中的上下階級對待，也不是日常生活裡的有無計較，更不是社會上的貧富差別，而是眾生與眾生之間的融和與尊重。

佛教裡眾多的經典都強調慈悲的重要性，如《法華經》云：「願以大慈悲，廣開甘露門，轉無上法輪。」《華嚴經》亦云：「諸佛如來，以大悲心而為體故。」所以，只要我們能有一念的慈悲，萬物皆善；只要我們能有一心之慈，萬物皆慶。「一人慈悲，眾皆伴侶」，一個人能實踐慈悲，大家就都可以成為我們的朋友；「萬人慈悲，法界一如」，大家都能奉行慈悲，則普天之下的人便能如兄如弟般相親相愛了。

說到「怨親平等」，對眾生除了施以慈悲，還要輔以平等。

佛教提倡「眾生平等」，二千六百年前，佛陀捨棄王位出家，正是感於生命的無常苦空、四姓階級的不平等，因而毅然出家修道。

佛陀所證悟的宇宙真理是「大地眾生皆有如來智慧德相」，此等不但開啟了生佛平等、聖凡平等、理事平等、人我平等、自他平等的濫觴，更是宇宙中最徹底的平等主義。

在這個地球上，雖然有國家、民族、地域的不同，但人人都是平等的。眾生是眾緣和合的生命體，相狀上雖千差萬別，但本體自性並無二致。所以，我們應該以悲憫的胸懷來看待眾生的苦難，以人我共尊的平等心來包容彼此的差異。

佛教所謂：「江湖溪澗，流入大海，同一鹹味；四姓出家，同為釋氏。」過去，剎帝利王孫難陀與阿難都將首陀羅賤民出身的優波離、拜火教的迦葉及好玄論的迦旃延等人尊奉為師兄。由此可知，佛陀是致力打破種族、階級差別的先驅。

時至現在，佛光山亦追隨佛陀「平等」的理念，於僧團中實踐僧信平等，以制度保障緇素二眾的權益，凡入室的在家弟子，男眾稱為「教士」，女眾稱為「師姑」，擁有與出家眾一樣的權益。

甚至我們極力推行「檀講師」制度，希望讓信眾從弟子晉升到講師，以擴大佛法的弘傳與影響。信徒當中，有不少人從年輕時就開始聽經聞法，至今已有四、五十年歷史，若以社會的學歷來說，早就具有博士資格，可以講經說法，但是他們始終自謙為弟子，不敢稱老師。其實，在家與出家都可以當老師，像維摩詰居士是多少大菩薩的老師；勝鬘夫人經常在皇宮裡為大臣說法；梁武帝不喜做皇帝，三次捨身同泰寺，並不時在宮中說法，都可以說是「檀講師」的先驅。

在佛光山，有來自海內外各國的人士齊集一堂。我有幾位南非的黑人徒弟跟隨我出家，他們都很歡喜佛光山，可是卻有苦惱，為什麼？他們來山學習幾年後，會說中國話，也會唱讚誦經了，就開始在常住裡服務。但是每當他們到雲居樓齋堂行堂，為大家添菜飯時，有的人看到是黑人，就說：「啊！怎麼是一個黑人？」雖然我們的僧團是平等的，但是偶爾用餐的遊客無心的一句話，也會讓他們感到難過：人家不喜歡我，我尊嚴受到了傷害。

《法華經》中，常不輕菩薩心懷平等，禮敬一切眾生，常言：「我不敢輕視汝等，汝等皆當作佛。」乃至在華藏世界裡的眾生，了悟生佛平等，自他不二的道理，所以互相包容，彼此尊重，進而形成了光光相攝、圓融無礙的華藏淨土。凡此都說明了十方法界一切眾生是至尊至貴、平等無差的；般若性海裡，眾生的佛性都是清淨不染的。

有人說世間沒有完全平等的事，要想達到世界和平是很困難的。雖然不易，但是人人若能做到心裡上的平等，以平等心看待萬物，則世界必定會愈來愈和諧。

我自己也在努力做平等布施，過去我捨身捨命布施給佛光山，布施給佛教，布施給眾生，不過，這還不夠，我不能只顧念到我的佛教、我的佛光山，我也要努力對天主教、基督教所辦的慈善事業盡一分心力。所以，我學習不分別對方是不是跟我同一信仰，是不是我的同鄉，是不是我的同學，我都要以無緣大慈、同體大悲的平等觀相待。

所謂「敬人者人恆敬之，愛人者人恆愛之」。如果大家都能視人如己，將天下的父母視為自己的父母，將天下的子女視為自己的子女，將眾生視為自己的眼耳鼻舌、手腳四肢，也就會更珍惜每一分因緣，心甘情願地為眾生付出一切了。

希望大家都能建立平等觀，在出家、在家平等，男眾、女眾平等，老年、少年平等，在人人平等的觀念之下，和平共存、和諧共生。

爾時，世尊而說偈言：「以深意樂攝律儀，聞甚深經能信解，敬初發心如佛想，慈心普洽障消除。」

那時，佛陀就說偈言：「如果能以甚深的歡喜心意，過著攝受身心的律儀生活，對於經典上高妙的佛教道理，都能信仰理解，對於初發心的人都能視為如佛一般地尊敬，能以大慈平等之心對待一切眾生，便能遠離法障，消除煩惱和業障。」

幸福第九道——

怎樣才能調伏煩惱，遠離心魔阻撓？

復次，妙慧！菩薩成就四法，能離諸魔。云何為四？一者、了知法性平等；二者、發起精進；三者、常勤念佛；四者、一切善根皆悉回向。

佛陀即將悟道時，魔王波旬，也就是欲界第六天他化自在天主，擔心佛陀成佛後，魔宮子嗣因而減少，出於嫉妒和害怕的心理，幻化成諸天魔女來阻礙他成佛，但最後佛陀克服種種恐懼和誘惑，終於成佛。

後來，佛陀在各地傳教，魔王波旬依然率領眷屬前往僧團擾亂僧眾修行。甚至表面歸順佛陀，成為佛教的護法，但仍一直在等待機會摧毀佛教。有一天，佛陀告訴他：「佛所說的法是從自性中流露出的純正之法，是無法被破壞的。」

波旬卻回答：「正法時期不能破壞，像法時期也不能破壞，那麼等到末法時期，我就讓我的魔子魔孫穿你的袈裟，現比丘相，來破壞佛法。」佛陀一聽，眼淚頓時流了下來。

佛教中，凡是修行上的障礙，都可以稱之為魔障。《瑜伽師地論》中便舉出四種能奪取人身命及慧命的魔障：

一、**蘊魔**：即色、受、想、行、識等五蘊積聚而成生死苦果，能奪取人的慧命。

二、**煩惱魔**：即貪、瞋、痴等煩惱，會惱亂眾生心神，讓人修行不能成就。

三、**死魔**：能讓四大分散，而致無法延續慧命。

四、天魔：即欲界第六天之魔王，以種種障礙，破壞修行人慧命。

魔不一定都是面露猙獰，醜陋可怕的樣子，魔有時也展現美麗可愛的一面。總說魔有兩種，一種是心外的魔，一種是心內的魔。所謂心外的魔，例如愛情的誘惑是魔，聲色貨利是魔，金錢的陷阱是魔，諸親眷屬障道也是魔；心內的魔，如貪、瞋、嫉妒，會挑起我們的無明煩惱，讓我們陷於不拔之地，所以是魔。

換句話說，無論是內心、外境，會使我們退墮的，會破壞我們尊嚴的，與佛法相違背的，或讓我們退失道心的，都是魔。

所以，魔在哪裡呢？魔不一定在遠處，有時就在我們的身邊，魔遍一切處，但是最壞的魔則還是隱藏在我們的心裡。所以，我們應該勇敢面對各種魔的擾亂，不管你身居何種地位、年齡或家庭，想要成功，就必須與魔奮鬥。

當初佛陀經過降魔的過程，才成就佛道，所以要做真正的佛子，就要有向魔挑戰的精神。只要人人能有正當的思想、正派的觀念、正見的思惟、正命的生活，也就沒有什麼魔是不能降伏的了。

佛陀告訴妙慧，菩薩要遠離諸魔，就要成就以下四點：

● 一——每一個眾生都有佛性

《金剛經》說：「若卵生、若胎生、若濕生、若化生、若有色、若無色、若有想、若無想、若非有想非無想，我皆令入無餘涅槃而滅度之，如是滅度無量無數無邊眾生，實無眾生得滅度者。」佛度許多眾生，卻說自己沒有度一個眾生，難道是說謊嗎？不是的，佛陀對人格的尊重已到達極點，在佛陀心中，每個眾生都有佛性，本來都是佛；佛是已覺悟的眾生，眾生是未覺悟的佛，大家都是平等的。

一如《菩薩處胎經》所言：「法性如大海，不記有是非，凡夫賢聖人，平等無高下。」在眾生的法性裡，沒有所謂的是非、善惡與好壞，就如同乾淨的水或汙穢的水流到大海裡，大海都一樣予以包容，不做揀擇。所以，無論是佛、菩薩、聲聞、緣覺「四聖」，或天、人、阿修羅、地獄、餓鬼、畜生「六凡」，看起來似乎有高下，實際上佛性是平等的；眾生與佛只是名詞不同，但意義是一樣的。

印度的阿育王是一位虔誠佛教徒，每次見到佛像及僧寶，都要磕頭禮拜。然而大臣看到國王如此謙恭，卻都頗有微詞，經常勸說國王：「您是一國之尊，至高無上，為何看到一個比丘還要頂禮，難道國王的頭那麼卑賤嗎？」

阿育王未發一語，為了讓大臣們了解貴賤的區別，便差人用布包裹豬頭，叫人拿到市場叫賣，並囑咐那位差人在市場上高喊：「這是國王尊貴的頭，特賣五十元！」但是市場上的人一聽是國王的頭，都嚇得紛紛走避，唯恐惹禍上身。

過了幾天，國王再請人拿著豬頭到市場叫賣：「這是新鮮的豬頭，特賣一百元，要買的人趕快來呀！」果然大家都爭先恐後地搶買。

於是國王就跟大臣說：「你們看！一個低賤的豬頭都可以賣到一百元，反而是我的頭沒有人敢買，但是你們卻偏偏要說我的頭無比尊貴，到底生命的尊貴在哪裡呢？」

所以，吾人不應在形相上論價值。人雖有貧富貴賤、智愚美醜等差別，但是在自性上，人人都是平等的。一般人歡喜用二分法，而佛法強調的則是不二法，法法平等，無有高低貴賤，無是非美醜。

蛇爬行時，蛇頭走在前面，蛇尾跟隨在後。但是有一天，蛇尾覺得心有不平，說道：

「喂、喂！我們能夠往前走，都是因為我蛇尾在後面擺動的關係，如果我不動，看你怎麼往前走？所以，應該讓我走在前面才對啊！」

蛇頭就說：「一向都是我走在前面的呀！」

蛇尾很不服氣，就把尾巴綑在蛇頭上，蛇頭一時眼花撩亂，只好答應讓蛇尾走在前面。但是蛇尾沒長眼睛，搞不清楚方向，橫衝直撞，最後就掉到懸崖去了。

所以，真正的平等，不是表面的平等，不是盲目、任性的平等；平等是理性的，是適得其所、分工合作的。世間無一法單獨存在，一切法皆因緣和合而成，所以信仰佛教，應該進一步認識法性平等，不落入差別相。

大良禪師在盤珪禪師座下當典座時，為了顧及盤珪禪師身體的健康，決定給師父吃新鮮的味噌。有一天，盤珪禪師發現他碗裡的味噌與大眾所食不一樣，就問：「今天是誰掌廚？」

大良回答：「我認為以師父的威德，應該受到更好的供養。」

盤珪聽後就說：「佛陀一再強調『我是眾中的一個』，哪裡有什麼高低的分別？」說完話之後，盤珪就返回丈室，房門反鎖，關在房間裡七天。大良請求師父原諒，但盤珪禪師仍默然不應。就這樣，大良在門外守候了七天，不吃不喝。

一位信徒見狀，心生同情，向盤珪禪師說：「師父！您老人家不吃不喝沒關係，但您年輕的徒弟總得吃些東西吧！」

盤珪禪師這才打開房門，對大良微笑說：「我堅持與徒弟吃一樣的食物，等你以後做了老師，也要像佛一樣有著平等心才行啊！」

盤珪禪師心中沒有「老師」的相，泯滅尊卑之分，故能與佛心心相印。

一位禪師吐了一口痰在佛像身上，有人看了很生氣，罵道：「真是可惡，怎麼把痰吐在佛像上呢？」

禪師就問：「請各位告訴我，哪個地方沒有佛？我現在又想要吐痰了。」現場大眾無一人能答。

佛性遍滿虛空，法性處處都在，哪個地方沒有佛？哪個地方沒有法？禪師體證「法性平等」之理，才是真正認識佛者。

天很平等，所以能覆蓋大地；日月星辰很平等，所以能普照世間；地很平等，所以能普載眾生，長養萬物。佛陀說「法性平等」，也就是法界平等、生佛平等、你我平等、空有平等、內外平等、自他平等、時空平等。我心一平，無有不等。一個人若能有「法性平等」的認識，以平等心來看待這個世間，則「四海之內皆兄弟」。因此，平等心不但可以美化自己，還可以美化大眾，美化世間一切，最後圓融法界也就能夠現前了。

• 二——發憤精進，中道而行

經常聽人說「懶惰鬼」，其實懶惰也是一種魔障，會讓人精神萎靡不振，一遇到困難挫折，就灰心退縮。要怎麼對治它呢？「精進」是醫治懈怠的良方。

什麼是精進？純而不雜曰「精」，前而不退曰「進」。所以，精進就是努力向前、擔當負責，就是一心一意、念茲在茲於自我的昇華與擴大。就好比運動選手，自許能跳得更高、跨得更遠、跑得更快，就會有力量。

凡是壞事，都要勇敢地不做，這就是精進；凡是好事，都要勇敢地去做，這就是精進；平常自己當得放下就放下，當得提起就提起，這就是精進。乃至於想要離苦得樂，也必須精進。

綜觀諸佛菩薩、高僧大德，哪一個不是因為精進而有成就的？例如：觀世音菩薩若沒有精進的精神，怎能「三十二應遍塵剎，百千萬劫化閻浮；千處祈求千處應，苦海常作度人舟」？地藏菩薩若沒有精進心，如何做到「地獄不空，誓不成佛；眾生度盡，方證菩提」？玄奘大師西域取經，幾乎命喪沙漠之中，但他寧願向西天一步死，也不願往東土一步生，如果沒有為教精進的精神，怎麼能有這般的堅持呢？

懈怠是眾行之累，是人生的大病，《華嚴經》裡形容懈怠的人，說：「如鑽燧取火，未出而數息，火勢隨止滅，懈怠者亦然。」所以，人要想有所成就，不能說天氣冷，就不作務；天氣熱，就不做事；身體疲倦，就不工作；書讀累了，就不想讀，要想自己明日比今日好，未來比現在好，就要發心精進。

在佛教裡，把懈怠當作魔王，這個懈怠的魔王經常與我們的精進心、向上心作戰，一心一意想要打敗我們的發心發願。因此，佛經裡鼓勵修行者要效法木魚的精神，精進不懈；水中的游魚，眼睛終日不閉，佛教以木頭做成木魚，即在勉勵修行人要像魚一樣不懈怠。

佛陀的弟子阿那律，有一次在佛說法時睡著了，佛陀呵斥道：「咄咄汝好睡，螺螄蚌蛤類；一睡一千年，不聞佛名字。」阿那律聽後，心生慚愧，發願從今以後不再睡眠。

之後每天二十四小時，阿那律不是打坐就是誦經，非常精進，但是不久，由於睡眠不足，就把眼睛給弄瞎了。佛陀十分憐憫他，教授他修習金剛照明三昧法，而得天眼通，後來終於成為佛陀座下「天眼第一」的大弟子。

類似的情況，也發生在孔子的弟子身上。有一回，孔子大白天對著莘莘學子傾囊相授，弟子宰予卻猛打瞌睡。於是孔子便責罵宰予說：「朽木不可雕也，糞土之牆不可杇也。」人在睡眠時，諸根無法運用，就如同死去一般，所以過度睡眠，就是放逸、懈怠。一個人不精進，怎麼會有前途呢？尤其在道業上不精進，修行怎能成就呢？因此，佛陀與孔子也就對打瞌睡的弟子特別嚴厲了。

《佛遺教經》說：「若勤精進，則事無難者。是故汝等當勤精進，譬如小水常流，則能穿石。」《大智度論》也說：「精進是一切善法的力量，能出生一切諸道行，能與一切功德相應。」所以，一切諸事都是由精進而得興起，勤勞努力才能不斷進步。

但是很多人把精進視為辛苦不樂之事，其實精進是辛苦？是快樂？如同掃地，掃時汗流浹背，看似很辛苦，但是掃完後，身心輕鬆舒暢，卻是很快樂；寫作文章，挑燈夜戰，似乎很辛苦，但是著作完成，回想起來卻覺得很美好。所以，精進是快樂的，你不精進也就沒有這種快樂的體會了。總之，就如《勸發菩提心文》所說：「修行則勤勞暫時，安樂永劫；懈怠則偷安一世，受苦多生。」精進的苦樂多少，在智者心中自有定論。

不過，有時休息也是一種精進。佛陀有一位名叫聞二百億的弟子，他曾是個音樂家，出家後因為過度精進，身體健康每況愈下。雖然佛陀叫他修行不要著急，可是他總聽不進去，寧可不要身體，不要性命，也要精進修行。

有一天，佛陀問他說：「聞二百億，你過去是做什麼職業的？」

聞二百億回答：「我是琴師。」

佛陀就問：「假使琴絃太緊了，彈奏時會是什麼結果？」

「若太緊，絃會斷！」

佛陀再問：「若絃太鬆了，又會如何呢？」

「若琴的絃太鬆了，它不會響。」

於是佛陀就告訴聞二百億：「修行也是這樣，太過猛烈用功，反而有礙修行；太過鬆懈，不用功修行，則將無法得道。」

所以，佛教強調正精進，修行不能操之過急，但也不能過緩，過急容易躁進而退，過緩則因怠惰而退，一切要合乎中道而行。

佛教裡，關於精進，有四種修行品目，謂之「四正勤」，又叫「四正斷」，也就是：已生惡令斷滅，未生惡令不生；已生善令增長，未生善令生起。這種向上向善，以自利利人為目標的努力，便是正精進。

人的一生，短短數十年歲月，懶惰是一生，精進也是一生，同樣是一生，結果卻完全不同。如果你能精進地修習禪定，禪定必會成就；你能精進地持戒，戒行必能具足；你能精進地聽經聞法，必定多聞而有智慧。世間上沒有白吃的午餐，天下也沒有不勞而獲的利益，凡事精進，就不會空過一生。因此，佛陀勉勵妙慧發起精進，就能不受諸魔阻撓。

● 三——常勤念佛，生起信願

很多人認為念佛就是往生西方極樂世界，其實念佛的真義在於導引眾生生起大信大願。《十住毗婆沙論》說：「初學者，修念佛、懺悔、勸請等法，心得清淨，信心增長，從此修智慧、慈悲等深法。」剛開始學佛的人，可以先念佛求懺悔，消除一些習氣、業障，心清淨了，信心自然增長，那麼再修智慧和慈悲也就容易了。

可是又有人說，念佛只是培養福德因緣，沒能修得智慧，這也不盡然。所謂「念佛一聲，罪滅河沙；念佛一聲，福增無量」，一句「阿彌陀佛」，萬德洪名，是無量光、無量壽的意思。

無量光代表智慧，無量壽代表永恆的生命。所以，念佛不但是修福德，更是修智慧；念佛可以降伏其心，將清淨的本性發掘出來，找回失落的自我。

念佛的方法有很多種，舉凡默念、金剛念、追頂念、覺照念、禮拜念、記數念、十口氣念等等，每個人都可依照自己的方式將佛號念熟。而我比較提倡的念佛方法是：

一、**歡歡喜喜的念**：用歡喜心念佛，將自己觀想的佛與佛的名號融為一體；以純淨的心念佛，念得歡喜踴躍，念得手舞足蹈，念得搖頭擺身，如此必能收到極大的效果。

二、**悲悲切切的念**：一般人受了苦，總會叫喊：「我受苦了，媽媽啊！」用這種向親人投訴委屈般的悲切感情來念佛，將內心真情實義的佛念出來，自然就能與佛靈犀相通了。

三、**空空虛虛的念**：一心稱念佛號，念得心無掛礙，念得無身無手無世界，只有悠悠揚揚的一句佛號，從全身毛孔若有似無地念出來；念得人我是非都沒有了，念得天也空，地也空，你也空，我也空，所謂「心中有佛將心念，念得心空及第歸」，這樣也就能體會忘卻時空、身心脫落的快樂了。

四、**實實在在的念**：念佛的關鍵在於淨念相續，若能將每句佛號念得清清楚楚，一句佛號緊跟著一句佛號，將所見的山河大地，一棵樹、一片田、一間屋、一個人，所有的形形色色都念成阿彌陀佛，念到沒有妄想雜念的境界，那麼我又怎麼不是阿彌陀佛呢？當下的世界又何嘗不是淨土呢？

總說念佛，若能精進將一句佛號，念得如背書般滾瓜爛熟，時時現出，便能與諸佛相應，那麼自然也就能遠離魔障，成就正道了。

所以，念佛不只是將佛號念在嘴邊而已，念佛要口到、耳到、心到。有個趣談：

極樂世界有一間倉庫，專門收集娑婆世界的眼睛、耳朵、嘴巴、手、腳等等，因為有的人不用口念佛，只用眼睛看人念佛，眼睛就往生淨土；有的人只用耳朵聽人念佛，耳朵就往生淨土；有的人只用手數念珠念佛，手就往生淨土；有的人口不念，耳不聽，只用腳跟著大家繞佛，腳就往生淨土；有的人只用心去感受佛號，心就往生淨土。若要讓整個身心都能往生淨土，當然念佛也就要做到身、口、意一致，口念佛號清清楚楚，耳聽佛號明明白白，句句佛號都要了然於心。

念佛的方法也不只是口中稱念而已，念佛的種類有：

一、**持名念佛**：不論上中下根機者，都能稱念佛的名號，若達一心不亂，便能得念佛三昧。

二、**觀想念佛**：內心觀想佛的相好光明。

三、**觀像念佛**：對佛的塑畫等像，諦觀分明。

四、**實相念佛**：觀想自身及一切萬法的真實自性，是無形無相，猶如虛空。

甚至佛教有謂：「是心作佛，是心是佛。」我們念佛也不只有念十方三世諸佛，更要進一步念自身是佛。

有個信徒問禪師說：「什麼是佛？」

禪師很為難地說：「倘若我告訴你，恐怕你是不會相信。」

信徒就說：「師父的話，我怎麼會不相信呢？我是很誠懇地要來問道的。」

禪師便說：「好吧！既然你相信，那麼我就告訴你：你就是佛啊！」

信徒一聽，驚訝大叫：「我是佛，我怎麼不知道呢？」

禪師就說：「因為你不敢承擔啊！」

每個人本來就是佛，佛陀悟道的那一刻，就說：「人人都有佛性，人人皆可成佛，只因顛倒妄想而不能證得。」所以，凡事只要自己肯承擔，自己就是佛了。

• 四——一切功德，回向眾生

為什麼遠離魔障，要將善根回向給一切眾生？因為回向是一種善緣的積聚，與「團結力量大」的道理一樣，集結眾生的善緣力量來對抗魔障，比個人單打獨鬥還要更有力量。

回向是佛教極為殊勝的修行法門之一。「皆悉回向」是將自己所做的一切善根功德，回轉到某一個目的，如回向給一切有情眾生，以拔除眾生的苦惱，並使自己趣入涅槃佛道等等。

諸經對回向的論述甚多，如〈普賢行願品〉云：「所有禮讚供養福，請佛住世轉法輪，隨喜懺悔諸善根，回向眾生及佛道。」也就是將禮敬、讚歎、供養、懺悔、隨喜、勸請等功德，回向給一切眾生，與眾生共成佛道。

「回向」的涵意深奧、豐富，例舉四點如下：

一、**回自向他**：即把所修的功德，回向饒益眾生，而能自他兩利。例如：把參與修橋鋪路的功德，回向給父母健康長壽；把誦經拜佛的功德，回向給兒女智慧增長。

二、**回小向大**：一塊麵包，你把它送給一個人吃，就只有那個人能吃得到，但是有了「回向」的心，希望這一塊麵包能讓普天之下的人都得到溫飽，也就能跟普天下的人結緣了。

三、**回事向理**：一個人布施錢財，無論是一百元、十萬元、一百萬元，在事相上都是有限的，假如你能「回事向理」，也就可以普施一切。「回事向理」就好比你點燃一支蠟燭，再分燈給別人，如此燈燈相傳，一燈燃百千燈，而原來的那一盞燭光並不會因此而減弱。

四、回因向果：我們今生今世所做所行，都是在「因地」，有了「因」，未來必定結「果」，就如同今年播種而明年收成的道理。所以，今生種下善因善緣，未來也就能結出善果。

有個農夫請無相禪師為他的亡妻誦經超度，佛事後，農夫問禪師說：「我的太太可以從此次的法會中得到多少利益呢？」

無相禪師照實回答：「佛法如慈航普渡，也如日光遍照，不只你太太可以得到利益，一切眾生無不得益。」

農夫不太滿意，又說：「可是我太太十分嬌弱，其他的眾生也許會占他便宜，把他的功德奪去，是否可以請您只為他超度就好，不要將此功德與其他眾生分享？」

無相禪師感嘆農夫的自私，但仍慈悲地說：「能將自己的功德回轉給其他人，使眾生同沾法益，這是很討巧的修持法門。」

有形的東西給人，東西會愈來愈少；但無相的施予，功德不但不會減少，反而因此增加。

就如手中的橘子，給了別人，自己將所剩無幾；但一句好話給人，不僅對方歡喜，自己也會感受到喜悅，如此則自他皆能受利。

所以，回向是一種無私無我的廣大心胸，一碗飯自己吃，固然津津有味，但能與人共享，更有味道；一座花園獨自觀賞，固然賞心悅目，但與人共同瀏覽，則別有一番情趣。回向就如一線光明，不只是照耀一人，也可以照耀大眾。因此，人人如果都能有「回向」的觀念，讓千千萬萬人都能蒙受功德，何樂而不為呢？

在日常生活裡，應該如何實踐「回向」的修持呢？例如早晚課誦稱念的「願消三障諸煩惱，願得智慧真明了；普願罪障悉消除，世世常行菩薩道」，或者「願生西方淨土中，九品蓮花為父母；花開見佛悟無生，不退菩薩為伴侶」等等，都是千古流傳的回向文。乃至於目前佛光山早晚課誦的「慈悲喜捨遍法界，惜福結緣利人天，禪淨戒行平等忍，慚愧感恩大願心」，也都是很實用的回向文。

實踐「回向」法門，就是了解因緣法，就是將「光榮歸於佛陀，成就歸於大眾，利益歸於常住，功德歸於檀那」。回向，能使修行者去除我執，遠離貪瞋痴三毒，心常清淨；回向的修持，不僅自身不會減少什麼，還能利益更多的人，甚至廣被一切眾生。

如果我們不論何時何地，言行舉止，起心動念，都能與上述回向文的善行相應，並將此功德回向一切眾生，當下就是佛國淨土的實現，更何懼於諸魔障礙呢？

爾時，世尊而說偈言：「能知諸法平等性，常起精進念如來，回向一切諸善根，眾魔不能得其便。」

那時，佛陀就說偈語：「能了知諸法性是平等的，進而精進念佛，將所修的善根功德回向一切眾生，那麼諸魔障礙就不會趁虛而入，妨礙我們修行了。」

幸福第十道——怎樣能命終時一定見佛，往生佛國？

復次，妙慧！菩薩成就四法，臨命終時，諸佛現前。何等為四？一者、他有所求，施令滿足；二者、於諸善法，深生信解；三者、於諸菩薩，施莊嚴具；四者、於三寶所，勤修供養。

生死是人生大事，以佛教徒的立場來說，臨終時若能見佛，得佛接引，是人生最重要的一件事。但是要想命終見佛，還得要如《阿彌陀經》所說的：「不可少善根福德因緣，得生彼國。」倘若生前沒有種下善因善緣，就如同一個人沒有努力賺錢，沒有經濟能力，又怎麼可能移民到心所嚮往的國家呢？因此，佛陀告訴妙慧，要想臨命終時，諸佛現前，就要做到以下四點：

● 一——成人之美，滿人所願

關於布施，前章已有提及，此處「他有所求，施令滿足」的重點在於「滿人所願」。滿人所願，也就是給人希望。

《大乘起信論》有一句話說：「隨緣不變，不變隨緣。」這正是為人處世最好的性格。所謂

「隨緣」，就是隨順因緣。世間萬法都是因緣和合而成，每個人都離不開因緣和合而存在，因此，人與人之間相處應該要隨順因緣，滿人所願。

隨緣滿願是佛教徒致力努力的方向，隨緣放下，心情自然愉悅；給人滿願，就是最大富足。

經常有人問我如何管理佛光山的人事？其實，我對管理並沒有什麼特殊的方法。不過，我大部分都是與人為善，給人OK、YES，有人向我提出要求，我很少說NO，總覺得那很煞風景，也很傷感情。不過，有時候，世間事也不是統統都說YES、OK就好了。

別人有所求，能夠滿其所願，皆大歡喜，當然是最圓滿。但實際上，我們卻很難做到事事滿足別人所求，這時也就可以用替代的拒絕。例如有人邀請你出席表演活動，你無法親至會場觀賞，可以改致贈花籃給予祝賀等等。能有替代，就不會讓對方覺得難堪，也不會因此而結怨。總之，人間相互助成是很重要的。

過去有一位女學生在我們叢林學院念書，有一天他跟我說：「院長，我要去看白雪溜冰團的表演。」還說：「如果不給我看，我一生都會遺憾。」我聽了之後想：這實在很麻煩，我做為院長，怎麼能夠只承諾一個學生去看溜冰團的表演，其他的學生又該怎麼辦呢？但是如果我不准許，他一生都要感到遺憾，這可就嚴重了。

在我的理念，在有規矩的學生面前，不用規矩，規矩是為不守規矩的人而施設。這個學生平常表現不錯，所以我就拿了二百塊錢，告訴他說：「你替我做一件事，幫我到高雄買一些文具，剩餘的錢隨你花用，十點鐘以前回來就好。」

他看了白雪溜冰團以後，一生都不覺遺憾，我也算是做了一件好事，免得他為了一個小小的心願無法成就，而退失修道的心。

還有一個女孩，雖然人在佛學院讀書，但是對紅塵仍懷有夢想。有人故意問他要不要出家，他說：「我還沒有擦過口紅，沒有化過妝，沒有穿過玻璃絲襪，也沒穿過牛仔褲。」我一聽，確實沒錯，他心裡有很多掛礙還沒放下，怎麼能叫他出家呢？因此，之後為了滿這許多女孩的願，我出國弘法，就買了玻璃絲襪、牛仔褲、口紅，帶回來送給他們。當時，海關很嚴格，每一樣東西都要翻箱查問，他看到一個出家人買那麼多玻璃絲襪、口紅，就在旁邊冷笑：「哼！大法師，買口紅。」我心裡倒是想：你懂什麼？不過，我行得心安理得，也就不去計較了。

總之，我覺得，佛教攝受眾生要有方便，要設身處地為對方著想。我在佛光山立下的工作信條——「給人信心、給人歡喜、給人希望、給人方便」，也就是要為你服務，讓你歡喜，滿足你的希望。人得到了滿足，受到了尊重以後，什麼事情也就都能合作得來了。

• 二——行善信善，提升生命品質

《大集會正法經》云：「善法為知識，能救護眾生。」所謂善法，即順理益世之法。佛法能令眾生離苦得樂，是世間至善之法，舉凡明白三法印、四聖諦，就能透澈世間的實相；守持五戒、十善，便能遠離煩惱塵垢；奉行四攝、六度，就能與眾生廣結善緣。所以，善法就如同善友，能指引我們如法修行，圓滿道業。

《大毗婆沙論》說：「有智無信，增長邪見；有信無智，增長愚痴。」所以，一個修道者除了堅定的信仰，對於佛陀所教導的義理，還要能勝解；「信」與「解」要相輔相成，偏一不可。

說到信解善法，在所有善法之中，「五戒十善」是做人最基本的善法。五戒是不殺生、不偷盜、不邪淫、不妄語、不飲酒；十善是五戒的延伸，為不殺生、不偷盜、不邪淫、不妄語、不兩舌、不惡口、不綺語、不貪、不瞋、不痴。五戒的功用在於防非止惡，十善則進一步讓我們保有清淨的身、口、意，不造作惡業，果能如法奉持，也就沒有下墮三惡道的因緣，甚至將來還可以轉生人天。

很多人志氣高昂，認為自己是要做大菩薩事業的，守持五戒十善僅可轉生人天，故而不把它放在眼裡，這是非常錯誤的認知。切莫小看五戒十善，事實上它並不容易持守，但是一輩子若能持守其中一兩條戒，也就能讓人受益無窮了。

佛教中有一個著名的故事，一位住在寺廟旁的盜匪，因為常見善男信女到廟裡向老和尚請求皈依受戒，他一時興起，也跑去向老和尚求授皈依，希望能做一位三寶弟子。老和尚對他說：「皈依可以，但要做三寶弟子，你還得受五戒。」

盜匪就問：「是哪五戒呢？」

老和尚回答：「不殺生、不偷盜、不邪淫、不妄語、不飲酒。」

盜匪心想：「我做強盜怎能不殺生呢？更別說不偷盜了！尤其我們這些強盜經常在一起飲酒作樂，恐怕唯一能守的就只有不妄語。」

於是他就對老和尚說：「我只能守不妄語一戒。」

不過，老和尚慈悲，仍然收他為皈依弟子，並為他授此一戒。

有一天，盜匪們又計畫隔天晚上去行搶一名富人，第二天一早，這名盜匪上街買酒肉，心想回家後要好好吃上一頓，晚上才有力氣做案。但是在回家途中，他遇見了一位親戚，問說：「你家裡來了客人嗎？怎麼買肉又買酒的？」

盜匪不好說出實情，只好說：「沒有客人來，只是自己打打牙祭而已。」

回家後，肉吃了，酒也喝了，才想起自己跟隨老和尚受了不妄語的戒條，而現在竟欺騙了親戚；為了守戒，他決定今晚不去搶劫，好好待在家裡。結果，這晚行搶的所有盜匪統統都被逮捕槍決，只有他因為守了這一戒而逃過一劫。

所以，對於善法，吾人要能深信了解，才能獲益。當然，有了正信、慧解之後，若能進一步力行實踐，則更能淨化我們的身心，提升我們生命的品質了。

• 三——支持發心行菩薩道的人

對於每一位發心行菩薩道的人，我們也要給予支持協助，要讚歎他們的初發心，還要儘量供養一切莊嚴具。

莊嚴具，原指幢旛、寶蓋、瓔珞等裝飾品。佛陀具有三十二種相好，佛身和手足呈現金色，微妙光潔，正如眾寶莊嚴的妙金台。那是由於佛陀在因位修行時，施予飲食、車騎、衣服和莊嚴具等資身用物，遠離瞋恚，所感得的美好妙相。

所以，莊嚴具也不只是物質上的嚴飾物品而已，〈普賢行願品〉中說：「忍辱波羅蜜為莊嚴具。」忍能莊嚴我們的人生。

說到「忍」，是吃虧呢？還是討便宜呢？實在說，忍是討便宜的。所謂「忍一口氣，風平浪靜；退一步想，海闊天空。」在佛教裡，忍的修行有三個層次，第一是「生忍」，第二是「法忍」，第三是「無生法忍」。

生忍，就是為了生命、生活、生存，我要能忍受生活中各種酸甜苦辣、飢渴苦樂等不如意的事。有了生忍之後，進而還要有法忍，法忍就是對於內心的貪瞋執著，要能自我疏通。在生忍、法忍之上的是無生法忍，明白世間上沒有是非、對待、好壞，對於任何事情都不在心上留痕跡，也就是《般若心經》所講不生不滅、不垢不淨、不增不減的境界。

一般人認為，人家罵我們，不回口；打我們，不還手，才是忍。其實，忍並不是退縮的、壓抑的。忍是認識，認識事情的前因後果、善惡得失。忍是接受，什麼都能接受，罵我、打我、欺負我、毀謗我，都能接受。忍是擔當，你能挑二十斤，我能挑一百斤；你能忍耐三小時不休息地工作，我能忍耐四小時不間斷的忙碌，甚至無論人家讚美我或毀謗我，我都能夠擔當得起。忍是化解，什麼好好壞壞的事情來到我的面前，我都能把它大事化小，小事化無。

總而言之，忍有很大的力量，忍才有進步，忍才會勝利。你說你跟人家吵架，你的聲音最大，可以把他罵得不敢回口，這不是勝利，而是失敗。最大的勝利，是在不公平、不合理的情況下，我都能夠忍耐。

能忍，才是有力的人，好比一個拳頭，打出去就沒有力量了；不打出去，力量就能永遠保持住。又例如小孩子不能忍，你打他、罵他一下，他「哇」地一聲就哭起來了；能忍的人，他根本不在乎什麼，無論你打他或罵他，他眉毛都不皺一下。

所謂「條條大路通羅馬」，只要你有條件，能走的路很多，何必要計較一時呢？不要爭一時，要爭千秋。你不平、不服氣，也只是為了一個人、一件事，一個人、一件事又算得了什麼呢？

• 四——禮敬供養佛、法、僧三寶

三寶是指佛寶、法寶、僧寶。佛是真理的發現者，法是真理，僧則是弘揚真理的出家人。世間的財富，只能解決我們物質生活的問題，而佛法僧三寶則能解決我們生命的問題，救拔我們出離輪迴痛苦，是精神內在的財寶，所以對於三寶，不但要恭敬皈投，更要勤修供養。

所謂「供養」，也不只是用財物來供養，例如對佛陀的「十供養」：香、花、燈、塗、果、茶、食、寶、珠、衣；對法寶的「三供養」：身體的禮拜、口頭的稱讚、意念的觀想；對僧眾的「四供養」：衣服、飲食、臥具、湯藥等等。乃至於除了物質以外，身做好事、口說好話、心存好念，給人一個笑容、一個點頭，或者他有困難，我隨喜贊助，都是供養。不過，在諸多供養中，最上等的供養，則莫過於奉行法義和恭敬三寶。

說到「供養」，特別是對於僧眾的供養，有的人還要妄加分別：我所供養的對象，有修行嗎？有慈悲嗎？有道德嗎？我所供養的這塊福田，將來能有好收成嗎？其實，「財進山門，福歸施主」，只要你的發心純正，只要你的供養清淨，其他則可以不必去計較了。

當然，對三寶供養，最重要的還是如上一講所說的「一切善根皆悉回向」。將所供養的福德回向給一切眾生，與眾生共結善緣，共成無上菩提，才是一個真正的菩薩行者。

> 爾時，世尊而說偈言：「他有所求令滿足，信解深法捨嚴具，三寶福田勤供養，臨命終時佛現前。」

那時，佛陀就說偈語：「當別人有所求時，要令他滿足；對於所有的善法，要能深生信解；以種種莊嚴具，供施諸菩薩；對三寶勤修供養，勤耕福田，如此，臨命終時，諸佛也就會現前，接引至佛國淨土。」

結語——佛法的妙心巧慧

爾時，妙慧童女聞佛說已，白言：「世尊！如佛所說菩薩諸行，我當奉行。世尊！若我於是四十行中，闕於一行而不修者，則違佛教，欺誑如來！」

當佛陀為妙慧童女開示了十個有關「現世富足、出世安樂」的問題後，妙慧童女對佛陀啟白：「世尊！如您所說的菩薩修行法門，我定當奉行。如果我在這四十行中，缺少一法而不修，就是違逆佛教，就是欺騙如來。」

最後，我們來回顧一下妙慧和佛陀的妙問妙答：

一、怎樣能得端正之身？佛回答：不起瞋心，住於大慈，深樂正法，造佛形像。
二、怎樣能得富貴之身？佛回答：應時行施，無輕慢心，歡喜而與，不望果報。
三、怎樣才使眷屬不壞？佛回答：棄離間語，令邪住正，護法久住，故成佛果。
四、怎樣化生坐入蓮花？佛回答：捧花供佛，不害他人，造佛聖像，深信菩提。
五、怎樣證得神通自在？佛回答：不障修善，助人說法，燃燈供佛，勤修禪定。
六、怎樣才能處世無怨？佛回答：親近善友，不嫉他勝，喜人獲譽，不輕修行。

七、怎樣講話使人信受？佛回答：言行一致，行善止惡，不言人過，敬說法者。
八、怎樣才能遠離法障？佛回答：樂持禁戒，不謗深法，護初學者，與眾生等。
九、怎樣才能遠離魔障？佛回答：知法性等，發起精進，常勤念佛，一切回向。
十、怎樣命終一定見佛？佛回答：令人滿足，信解善法，助修道者，供佛莊嚴。

妙慧童女先是提出十個問題，然後佛陀再分別答以四個修行法門。佛陀對妙慧童女的回答，說明本經的主旨有四點：

一——成就不離因果

所有一切結果必定是有因有緣的，就如胡適先生說：「要怎麼收穫，先那麼栽。」我們想要事情有什麼樣的結果，就必須培植什麼樣的因緣；我們要想成就多大的事業、道業、學業，就要看你的播種有多少。

佛菩薩在因地修行時，累積了無量劫的福慧資糧，才能有所成就。當初他們所播下的種子，就是我們課誦時念的「四弘誓願」：「眾生無邊誓願度，煩惱無盡誓願斷，法門無量誓願學，佛道無上誓願成。」這四顆善美的種子，可以讓我們日後收穫成就的果實。例如「眾生無邊誓願度」，能開展人的慈悲心；「煩惱無盡誓願斷」，就好比擁有一支智慧精良的軍隊，可以打敗煩惱魔軍；有了「法門無量誓願學」的決心，就會奮發精進；發下「佛道無上誓願成」的廣大願，生命也就會隨之擴大、提升，最終證得佛的清淨、圓滿。

● 二——有志不在年高

有志不一定要年紀大，就如八歲的妙慧童女，連文殊菩薩都以他為師。又如善財童子五十三參、均頭沙彌以年幼之齡證阿羅漢果、羅睺羅得獲「密行第一」美譽、小龍女即身成佛等，他們都是以幼年之身修行成就的例子。

佛陀時代，有一次阿育王要供養僧團所有的比丘，為了表示他恭敬僧寶，特別向來應供的比丘一一頂禮。誰知應供的隊伍裡，有一位七、八歲的沙彌，阿育王心想：「我堂堂一個國王去拜一個小孩子，不太好吧？」

但又想這樣會違背他今日設齋供僧的用意，於是就把小沙彌請到無人的地方，才好意思下跪禮拜。

「我向你禮拜，你可不要向別人說喔！」阿育王拜完後，特地交代這個沙彌，不能走漏風聲。小沙彌微微一笑，開始在空中翻騰，變化天雨及各種寶物莊嚴。阿育王看了，愣在一旁。

小沙彌臨走前，也向阿育王小聲地交代：「請國王也不要將剛才的事告訴別人喔！」阿育王這才領悟到，修行者的成就高低與年紀大小無關。

佛教不輕忽「小」，有謂「四小不可輕」，小王子會成為法王，小龍會成為神通廣大的龍王，小小星火可以燎燒整座森林，滴水可以穿透堅硬的岩石。所以，小，決不可等閒視之，任何的成就都是從小開始的。

• 三——男女本性平等

東西方文化不同，過去西方人把女人看成是天使、和平女神，中國人卻把女人看成蛇蠍美人、母老虎；西方人把女人視為如聖母般的聖潔，中國人則說「唯女子與小人難養也」，視女人為禍水。

佛陀常說他是「眾中之一」，與眾生等無差別；連「生佛」都「平等」了，為什麼男女不能平等呢？

從《大寶積妙慧童女經》中，我們看到小小年紀的妙慧童女，展現過人的智慧，實堪作女性的模範。甚至過去在佛教裡也有許多有修有證的善女人，像大愛道比丘尼、蓮華色比丘尼、妙賢比丘尼、勝鬘夫人等等。所以，佛法的證悟是沒有男女之分的，女性千萬不可自我輕視。證悟是靠個人努力的，男性能成佛，女性一樣也能成佛。

• 四——願力不可思議

有人問：「為什麼妙慧童女能有這麼高的成就？」總說一句，他是靠願力而成就的。就好比慈悲救苦的願力，成就了觀世音菩薩的普度眾生；無病歡樂的願力，成就了藥師佛的琉璃淨土；度盡地獄極惡眾生的願力，成就了地藏菩薩的崇高偉大等等；可以說，諸佛菩薩當中沒有一位不是靠願力而成就的。即使過去孔子教育弟子，首先教的也是立志。因為，發心立願，人生才有方向、目標。

立志發願的好處很多，例如有的人發願：「我要在佛光山服務大眾十年！」但是等到他發了這個願之後，不到幾年，就因為遭遇挫折而退失道心，還覺得乾脆找個清修的地方自修算了，而不再發菩薩心。

不過，想到當年自己所做的承諾，也會提起正念：「我是發過願的，不能輕易改變！」信心也就為之一振，變得更為堅定了。所以，願力就像一個有力的護法金剛，會幫助我們成就一切。

我們要如何發願呢？你可以發一條願，就如地藏王菩薩發「地獄不空、誓不成佛」一願，或者發十願、十二願、二十願、二十四願、三十二願……甚至效法阿彌陀佛發四十八願，也都可以。當然，所謂「願不虛發」，願心一發，還要去實踐它，不能只是空談。最重要的，要想要成為一位大菩薩，發了願之後，還要有不求回報、無怨無悔的發心。佛法旨在讓人「得安穩樂」，此樂包括世間之樂以及涅槃之樂，兩者都很重要，也都可以在人間完成，並行不悖。

《大寶積妙慧童女經》中，佛陀告訴我們獲得富足安樂的法門，相信只要吾人歡喜信受，將它應用在日常生活裡，也能如同惠能大師見到五祖弘忍大師時說的「弟子心中常生智慧」，而有「妙心巧慧」的生起。

在《法華經．藥草喻品》中，佛陀用小藥草、中藥草、上藥草等譬喻，分別形容佛法法雨中的人天、二乘及發大乘菩提心的菩薩。願大家都做得佛陀大法雨中的一株上藥草！

附錄——關於《大寶積妙慧童女經》

●一——珍寶積聚串連的《大寶積妙慧童女經》

《妙慧童女經》出自《大寶積經》。《大寶積經》又稱《寶積經》，主要講述菩薩修行法和授記成佛等內容，與《大般若經》、《大集經》、《華嚴經》、《大般涅槃經》是大乘佛教著名的五部經。本經屬叢書體裁，共有一二〇卷四十九會，每一會相當於一部經，都有各自獨立的主題。

《大寶積經》前部二十三會、八十一卷，由魏晉南北朝譯經師合譯；後部二十六會、三十九卷，則是唐代印度來華譯經師菩提流志，在神龍二年（七〇六）到先天二年（七一三）間譯成。也有一說是菩提流志僅譯了二十七會三十七卷，其餘為先前的法師所譯。菩提流志來到中原後，曾將當時已有的《大寶積經》中文版對照所帶來的梵文版，發現有的譯文翻得不太理想，便予以重譯，而古德譯得正確的部分，則不再重譯，依照舊版沿用，所以此經並非菩提流志一人單獨譯成。

《妙慧童女經》即是《大寶積經》中的第三十會，為菩提流志所譯。內容主要記載，印度王舍城一位長者女，名叫妙慧，以八歲之齡，經常聽聞佛陀說法。有一次，他向佛陀請法，並回答文殊菩薩的問題，而受到與會大眾的讚譽。妙慧更發大願要廣修菩薩行，佛陀為他授記來世必當作佛。

《大寶積經》的每字每句都是敘述自利利他的菩薩行，就好像無數的珍寶積聚串連在一起。對於這部《大寶積經》，胡適之先生曾經這樣說：「如果說《維摩經》是世界上最長的一首白話詩，那麼《華嚴經》、《大寶積經》就如同中國《儒林外史》式的小說。」

為什麼不說《大寶積經》是《三國志》、《水滸傳》、《紅樓夢》，而要說是《儒林外史》呢？因為《儒林外史》描寫了近二百個人物，透過由人顯事，敘述當時的文化思想，一個人就是一篇故事，猶如短篇小說集。而這部《大寶積經》就是藉由很多菩薩自利利他的故事，編寫而成的修行寶典。

胡適之認定此部經典的文學價值，實屬難得。不過，甚深微妙的佛經，和世俗的文學作品還是有所不同，佛經是向內求的心靈作品，是為破除我相、我執的。

《大寶積經》從題名來看，是珍寶積聚串連的大經典，因《大寶積經》內容涵蓋許多重要的大乘佛教修行法門，是菩薩道修行的重要指南。「大寶積」亦形容了大乘佛教菩薩道的可貴之處，每一位菩薩都是稀世珍寶，他們以無求無私的利他精神，利益一切有情眾生。我們從中抽出一卷《妙慧童女經》來講說，就可窺見其奧妙深微之處。

據說玄奘大師自天竺返國時，亦攜帶了《大寶積經》的梵文本，只可惜他翻譯六百卷的《大般若經》已耗盡力氣，無力再應眾請翻譯此經，而他帶回的梵文本也隨著時間流失，後來才由菩提流志接續其志。

● 二、中譯者菩提流志

《大寶積經》的主要中譯者和校訂者是菩提流志（梵文音為 Bodhiruci, 562 -727），他不是北魏時代北印度的「菩提流支」，而是唐朝武后時代（六九〇～七〇五）南印度的「菩提流志」。菩提流志本名叫達磨流支（梵文音為 Dharmaruci），梵名法希，中文的菩提流志，意思是「覺悟慈愛」，也就是「覺愛」之意，這個名字是唐朝的武則天賜給他的法名。

菩提流志出身婆羅門，十二歲從外道出家，精通天文、地理、聲明、數論等，非常有學問，成為當時備受敬重的宗教家。

六十歲之後，漸漸地，他覺得這些知識和哲理無法讓人獲得究竟解脫，因此不顧自己年長，發心深入佛法的微妙大義，「年逾耳順，歸心佛法」，於是隱居山中，修習頭陀苦行。後來又跟隨耶舍瞿沙學習三藏經典，因本來就很有學問，所以不到五年的時間，經典義理便全部通達了。隨後開始四處弘法度眾，聲名逐漸遠播，連唐高宗都聽說他的德行高雅，而派遣使者前往恭迎；長壽二年（六九三）抵達東都洛陽時，據說已經一二〇歲了。

到了中原後不久，高宗去世，武后即帝位，但菩提流志仍然受到篤信佛教的武后尊崇，御敕駐錫佛授記寺，展開譯經工作。他譯筆流利暢達，所譯的《寶雨經》，在序分末中，因加入一段話：「東方月光天子受記在中國現女人身統治世間」，令武后大為歡喜，故賜名為「菩提流志」，陸續譯出《佛境界經》、《寶雨經》等十一部經。

唐中宗復位後，菩提流志隨之返回長安，於神龍二年（七〇六）住到長安崇福寺，譯出《一字佛頂輪王經》等。之後，繼續玄奘大師的志業，翻譯《大寶積經》，歷經八年，新舊合計譯了四十九會一二〇卷。譯完此經後，他便不再從事翻譯工作，專心精進修行。

唐玄宗開元十年（七二二），入住河南洛陽長壽寺，開元十五年（七二七）示寂，世壽一六六歲（另一說是一五六歲），皇帝追贈他「鴻臚大卿」的封號，並且贈予謚號「開元一切遍知三藏」，一生總共傳譯了五十三部一一一卷。

• 三、《妙慧童女經》原典與白話譯釋

如是我聞：一時，佛在王舍城耆闍崛山中，與大比丘眾千二百五十人、菩薩摩訶薩十千人俱。

阿難尊者從佛陀那裡如此聽聞：有一次，佛陀在王舍城耆闍崛山（靈鷲山）中，和一二五〇位大比丘，以及上萬名大菩薩會聚一處。

時，王舍城有長者女，名為妙慧，年始八歲，面貌端正，容色姝好，諸相具足，見者歡喜；曾於過去無量諸佛，親近供養，種諸善根。

當時，王舍城中有一位德高望重的長者，女兒名叫妙慧，年僅八歲，面貌端正，長相莊嚴，具足所有美好的相貌，所有見到他的人無不歡喜；這是過去妙慧累世以來，親近供養無量諸佛，種下種種善根，而得到的果報。

時，彼女人詣如來所，頂禮佛足，右遶三匝，長跪合掌而說偈言：「無上等正覺，為世大明燈，菩薩之所行，唯願聽我問。」

那時，妙慧童女至佛陀住處，頂禮佛足，順時繞佛三圈，然後長跪合掌讚歎佛陀說：「無上正等正覺的佛陀啊！您的功德如世上的大明燈，我想請問您應如何行持菩薩道呢？願佛陀您能讓我請教！」

佛告妙慧：「今恣汝問，當為解說，令斷疑網。」

爾時，妙慧即於佛前，以偈問曰：

云何得端正，大富尊貴身？復以何因緣，眷屬難沮壞？
云何見己身，而受於化生，千葉蓮華上，而奉諸世尊？
云何能證得，自在勝神通，遍往無量剎，禮敬於諸佛？
云何得無怨，所言人信受，淨除於法障，永離諸魔業？
云何命終時，得見於諸佛，聞說清淨法，不受於苦惱？

大悲無上尊，唯願為我說。

佛陀告訴妙慧：「現在隨你所問，當為你解說，斷除你的疑惑。」

這時，妙慧在佛陀面前，以偈語問道：

「如何才能得到端正相貌、坐擁大富大貴？又要以何種因緣，使眷屬常在左右，和合不離散？

「如何見到自己化生於千葉蓮華上，供養諸佛世尊？

「如何才能證得自在神通，遍往無量佛土，禮敬一切諸佛？

「如何才能處世沒有怨恨，所說的話為人所相信，淨除一切障礙，永離一切魔業？

「如何在命終的時候，可以得到諸佛的接引？聽聞佛說清淨法，而不受輪迴的苦惱？

「慈悲偉大、無上尊貴的覺者，希望您為我解說。」

爾時，佛告妙慧童女言：「善哉！善哉！善能問此深妙之義。諦聽！諦聽！善思念之，當為汝說。」妙慧白言：「唯然！世尊！願樂欲聞。」

這時，佛陀向妙慧童女說：「太好了！太好了！你問得很好，所問皆是深妙之義。你要仔細地聆聽，善加思索，並且憶念其中的意涵，我當為你解說。」

妙慧童女回答：「是的！佛陀！我很歡喜聽聞。」

佛言：「妙慧！菩薩成就四法，受端正身。何等為四？一者、於惡友所不起瞋心；二者、住於大慈；三者、深樂正法；四者、造佛形像。」

佛陀說：「妙慧！菩薩成就四法，就能得到端正、莊嚴、美麗之身。哪四種方法呢？一、對惡友不起瞋心；二、心安住在大慈悲之中；三、對正法要深深歡喜；四、塑造佛的形像。」

爾時，世尊而說偈言：「瞋壞善根勿增長，慈心樂法造佛形，當獲具相莊嚴身，一切眾生常樂見。」

那時，佛陀以偈語再次叮囑：「瞋心會毀壞我們的善根，千萬不要讓它增長；將身心安住在大慈悲中，深樂正法、護持正法；造佛聖像，使之流傳於世，供人瞻仰。如此必能獲得莊嚴身相，所有眾生都將歡喜樂見。」

「復次，妙慧！菩薩成就四法，得富貴身。何等為四？一者、應時行施；二者、無輕慢心；三者、歡喜而與；四者、不希果報。」

「又，妙慧！菩薩要成就四法，便能得富貴之身。哪四種方法呢？一、在適當的時候行布施；二、布施時沒有輕慢的心；三、布施時歡喜給予；四、布施不求回報。」

爾時，世尊而說偈言：「應時行施無輕慢，歡喜授與不希求，能於此業常勤修，所生當獲大財位。」

那時，佛陀以偈語說道：「菩薩若能應時布施，不生輕慢心，歡喜給人而不希求回報，如此殷勤修行，就會獲得財富地位。」

「復次，妙慧！菩薩成就四法，得眷屬不壞。何等為四？一者、善能棄捨離間之語；二者、邪見眾生，令住正見；三者、正法將滅，護令久住；四者、教諸有情，趣佛菩提。」

「又，妙慧！菩薩成就四法，可使眷屬和合不離。哪四種方法呢？一、要能棄捨離間的話語；二、令邪見的眾生住於正見；三、正法將滅時，能護持正法，使其久住世間；四、教導有情眾生，生起成佛的無上菩提心。」

爾時，世尊而說偈言：「捨離間言及邪見，正法將滅能護持，安住眾生大菩提，當成不壞諸眷屬。」

那時，佛陀又說偈語：「如果我們能夠捨棄一切不善的離間語言及遠離邪見；護持正法，令法久住，使眾生安住在智慧覺悟的菩提道上。這樣就可以擁有眷屬和樂的生活了。」

「復次，妙慧！菩薩成就四法，當於佛前得受化生，處蓮華座。何等為四？一者、捧諸華果及細末香，散於如來及諸塔廟；二者、終不於他，妄加損害；三者、造如來像，安處蓮華；四者、於佛菩提，深生淨信。」

「又，妙慧！菩薩成就四件事，就能在佛前得受化生，住於解脫的蓮花座上。哪四種方法呢？一、手捧諸香花果品，供養如來和塔廟；二、對一切有情眾生，永遠不妄加損傷、逼害；三、造佛形像，安處蓮花之上；四、對佛所成就的大菩提，能夠一心淨信。」

爾時，世尊而說偈言：「華香散佛及支提，不害於他並造像，於大菩提深信解，得處蓮花生佛前。」

那時，世尊就說偈語：「能夠用花香散於佛前及諸塔廟，不損害眾生並發心塑造佛像，對大乘的覺悟之道深生信解，必得安處蓮花，生於佛前。」

「復次，妙慧！菩薩成就四法，從一佛土至一佛土。何等為四？一者、見他修善，不為障惱；二者、他說法時，未嘗留礙；三者、然燈供養如來之塔；四者、於諸禪定，常勤修習。」

「又，妙慧！菩薩成就四法，得以遍往無量佛土。哪四種方法呢？一、看到別人行善，不予障礙、惱害；二、別人宣說佛法時，不予留難、阻礙；三、點燈供養諸佛塔廟；四、於所有禪定方法，勤加修習。」

爾時，世尊而說偈言：「見人修善說正法，不生謗毀加留難，如來塔廟施燈明，修習諸禪遊佛剎。」

那時，佛陀以偈語說：「見到他人修習善行、講說正法，不生毀謗、不加以留難，並能點燈供養諸佛塔廟，勤於修持禪定，便能自在遨遊諸佛國土。」

「復次，妙慧！菩薩成就四法，處世無怨。云何為四？一者、以無諂心，親近善友；二者、於他勝法，無嫉妒心；三者、他獲名譽，心常歡喜；四者、於菩薩行，無輕毀心。」

「又，妙慧！菩薩成就四法，可以處世無所怨仇。哪四種方法呢？一、不以諂媚心親近善友；二、別人有所成就，不生嫉妒心；三、別人獲得名譽，心生歡喜；四、對他人的菩薩行，不生輕侮、毀謗的心。」

爾時，世尊而說偈言：「不以諛諂親善友，於人勝法無妒心，他獲名譽常歡喜，不謗菩薩得無怨。」

那時，佛陀以偈語說：「不以諂媚阿諛之心對待善友；他人比我好、比我能幹，不生嫉妒心；他人得到名譽，我們心生歡喜；對於別人的菩薩行，不加以輕侮、毀謗，就能處世無怨了。」

「復次，妙慧！菩薩成就四法，所言人信。何等為四？一者、發言修行，常使相應；二者、於善友所，不覆諸惡；三者、於所聞法，不求過失；四者、於說法者，不生惡心。」

「又，妙慧！菩薩成就四法，所說的話，人皆信受。哪四種方法呢？一、行為和言語要一致；二、於善友面前，不掩飾自己的過失和缺點；三、聽聞他人講說正法，不議論他說得好壞；四、對於說法的人，不生起惡心。」

爾時，世尊而說偈言：「發言修行常相應，己罪不藏於善友，聞經不求人法過，所言一切皆信受。」

那時，世尊以偈語說：「一個人言語、修行能相應和；於善友面前不隱匿自己的過錯；聽經聞法時，對於說法者能夠不求過失。如此，他所說的話就能令人信受了。」

「復次，妙慧！菩薩成就四法，能離法障，速得清淨。何等為四？一者、以深意樂，攝三律儀；二者、聞甚深經，不生誹謗；三者、見新發意菩薩，生一切智心；四者、於諸有情，大慈平等。」

「又，妙慧！菩薩成就四法，可以遠離對佛法的障礙，迅速得到清淨。哪四種方法呢？一、以歡喜心奉行三聚淨戒；二、聽聞佛法經典，不生詆毀之心；三、見到初發心菩薩，要生起如見佛般的恭敬心；四、對一切有情眾生，要能以大慈悲心，平等相待。」

爾時，世尊而說偈言：「以深意樂攝律儀，聞甚深經能信解，敬初發心如佛想，慈心普洽障消除。」

那時，佛陀以偈語說：「如能以甚深的歡喜心、意念來受持律儀戒規，對經典中甚深的佛法能深心信解，視初發心菩薩如佛般地予以尊敬，能以大慈平等之心對待一切眾生，那麼便能消除法障。」

「復次，妙慧！菩薩成就四法，能離諸魔。云何為四？一者、了知法性平等；二者、發起精進；三者、常勤念佛；四者、一切善根，皆悉回向。」

「又，妙慧！菩薩成就四法，就能遠離諸魔的障礙和阻撓。哪四種方法？一、了知眾生的法性平等；二、發奮精進修行；三、平時勤加念佛；四、所修習的一切善法功德，都回向給所有眾生。」

爾時，世尊而說偈言：「能知諸法平等性，常起精進念如來，回向一切諸善根，眾魔不能得其便。」

那時，佛陀以偈語說：「能了知法性平等，常行精進、勤加念佛，將所修的善根功德回向一切眾生，諸魔便不得趁虛而入，而障礙修行了。」

「復次，妙慧！菩薩成就四法，臨命終時，諸佛現前。何等為四？一者、他有所求，施令滿足；二者、於諸善法，深生信解；三者、於諸菩薩，施莊嚴具；四者、於三寶所，勤修供養。」

「又，妙慧！菩薩成就四法，臨命終時，可以見到諸佛現前，接引至淨土佛國。哪四種方法？一、別人有所需求時，布施令他滿足；二、對所有善法，要深生信解；三、對所有菩薩供施一切莊嚴具；四、對佛、法、僧三寶，勤修供養。」

爾時，世尊而說偈言：「他有所求令滿足，信解深法捨嚴具，三寶福田勤供養，臨命終時佛現前。」

那時，佛陀以偈語說：「當別人有所求時，要令他滿足；對所有善法，能深生信解，以衣服、飲食、湯藥及臥具等一切莊嚴具，供施給諸菩薩，對三寶勤修供養，這樣臨命終時，諸佛就會現前，接引至佛國淨土。」

爾時，妙慧童女聞佛說已，白言：「世尊！如佛所說菩薩諸行，我當奉行。世尊！若我於是四十行中，闕於一行而不修者，則違佛教，欺誑如來！」

那時，妙慧童女聽完佛陀說法後，對佛陀稟白：「世尊！如您所教導的菩薩修行法門，我定當奉行。世尊！如果我在這四十種法門中，有一法不修習者，就是違逆佛所教導、欺騙如來！」

爾時，尊者大目犍連告妙慧言：「菩薩之行，甚難可行，汝今發斯殊勝大願，豈於是願得自在耶？」

那時，目犍連尊者對妙慧說道：「菩薩之行，甚為難行，你今天發此殊勝大願，難道真於此願中要得到無礙自在嗎？」

爾時，妙慧白言：「尊者！若我弘願真實不虛，能令諸行得圓滿者，願此三千大千世界六種震動，天雨妙華，天鼓自鳴。」

說是語時，於虛空中，華散如雨，天鼓自鳴，三千大千世界六種震動。

那時，妙慧回答目犍連尊者說：「尊者！假如我的弘願真實不虛，能圓滿修行這四十種法門的話，那麼願三千大千世界出現六種震動，天降妙花如雨，天鼓鳴動。」說此話時，天空中已降下花雨，天鼓鳴動，三千大千世界出現「動、起、湧、震、吼、覺」六種震動。

是時，妙慧重白目連：「以我如是真實言故，於未來世當得成佛，亦如今日釋迦如來。於我國中，無有魔事及以惡趣、女人之名。若我此言非虛妄者，令斯大眾，身皆金色！」

說是語已，眾皆金色。

這時，妙慧再向目犍連尊者說：「以我說此真實之言緣故，我於未來世當會成佛，就如今天釋迦牟尼佛一般。在我的國土中，沒有任何魔事障礙，以及三惡道、女人之名。假如我這些話不是虛妄的話，那麼在座所有的大眾，身體都會現金色相。」

說完此語，所有與會大眾皆現金色之身。

爾時，尊者大目犍連，即從座起，偏袒右肩，頂禮佛足，白言：「世尊！我今先禮初發心菩薩，及諸菩薩摩訶薩眾。」

那時，目犍連尊者即從座位起身，偏袒右肩，頂禮佛足，對世尊稟白：「世尊！我今天先禮敬初發心菩薩，以及所有的大菩薩。」

爾時，文殊師利法王子告妙慧言：「汝住何法，發斯誠願？」

妙慧答言：「文殊師利！非所問也。何以故？於法界中無所住故。」

那時，文殊師利法王子便問妙慧：「你安住在什麼法上，而發如此摯誠大願呢？」

妙慧回答：「文殊師利！不是如你所說的。為什麼呢？在法界裡，真理遍及一切而無所住故。」

又問：「云何名為菩提？」

答曰：「無分別法，是名菩提。」

文殊師利又問：「什麼是菩提？」

妙慧回答：「對諸法沒有分別，就是菩提。」

又問：「云何名為菩薩？」

答曰：「一切諸法等虛空相，是名菩薩。」

文殊師利又問：「什麼是菩薩？」

妙慧回答：「通達無我法者，了悟一切諸法皆如虛空，即是菩薩。」

又問：「云何名為菩提之行？」

答曰：「猶如陽焰、谷響之行，是菩提行。」

文殊師利又問：「什麼是菩提之行？」

妙慧回答：「將菩提行當作是陽焰幻象，或是山谷傳來的回音，虛假不實，不去執著它，就是真正的菩提行了。」

又問：「依何密意作如是說？」

答曰：「我於此中，不見少法密非密者。」

文殊師利又問：「你是依什麼密意而如此說？」

妙慧回答：「我在這裡並沒有看到任何『密意』或『非密意』，一切法平等無差別，空不可得，何來密意之說？」

又問：「若如是者，一切凡夫應即菩提！」

答曰：「汝謂菩提異凡夫耶？莫作是見！何以故？此等皆同一法界相，非取非捨，無成壞故。」

文殊師利又問：「如果是這樣，一切凡夫和菩提不就沒有差別了？」妙慧回答：「你認為菩提是異於凡夫的嗎？不要這樣想！為什麼？凡夫不異菩提，菩提不異凡夫，都是同一法界相，無所謂菩提可取、凡夫可捨，也無所謂菩提是好的、凡夫是不好的。」

又問：「於此義中，能解了者，其數幾何？」

答曰：「如若干幻化心心所量，若干幻化眾生能了斯義。」

文殊師利又問：「於此空義中，真正能了解的人有多少？」

妙慧回答：「眾生為幻化所生，既是幻化，那麼每個人所生起的幻化心，如何以數量來計？（心心所：即前後之心，為眾生所動的妄心。）所以眾生知道一切相是幻化，就能理解其義。」

文殊師利言：「幻化本無，何有如是心心所法？」

答曰：「法界亦爾！非有非無，乃至如來，亦復如是。」

文殊師利又問：「幻化本來是空無的，何來這許多心心所法？」

妙慧回答：「所謂的幻化，乃似有非有、似無非無，法界也是如此！非有，沒有實性可得；非無，有假相可見；乃至如來，也是如此。」

爾時，文殊師利白佛言：「世尊！今此妙慧，甚為希有，乃能成就如是法忍。」

佛言：「如是、如是！誠如所言。然此童女已於過去發菩提心，經三十劫，我乃發趣無上菩提，彼亦令汝住無生忍。」

那時，文殊師利菩薩對佛陀稟白：「世尊！妙慧的發心非常稀有難得，才能成就如此殊勝的空性智慧。」

佛陀回答：「是的、是的！就如你所說。其實，這位童女早在過去生中就已發大菩提心，過三十劫後，我才發心趣入無上菩提，而且他曾是你的老師，讓你安住於無住的大智慧中。」

爾時，文殊師利即從座起，為其作禮，白妙慧言：「我於往昔無量劫前已曾供養，不謂今者還得親近？」

妙慧告言：「文殊師利！汝今莫起如是分別。何以故？以無分別得無生忍故。」

那時，文殊師利就從座位站起來，向妙慧行禮，並對妙慧稟白：「我在過去無量劫前曾經供養您，沒想到今日得以再度親近。」

妙慧回答：「文殊師利！你不要有這樣的分別，為什麼呢？以無分別才能得無生法忍的大智慧啊！」

又問：「妙慧！汝今猶不轉女身耶？」

妙慧答言：「女人之相了不可得，今何所轉？」

文殊師利菩薩又問：「妙慧！你既有如此大成就，為何到現在還不轉女身為男身呢？」

妙慧回答：「女人之相為因緣假合，了不可得，我為什麼要轉變呢？」

「文殊師利！我當為汝除斷疑惑，由我如是真實語故，於當來世，得阿耨多羅三藐三菩提時，於我法中諸比丘輩，聞命善來，出家入道。」

「文殊師利！我當為你斷除疑惑，由於我所言皆真實語，所以我於來世證得無上正等正覺的佛果時，只要聽聞我說佛法的人，就能立刻生起善心，出家入道，成為比丘。」

「我國土中，所有眾生，身皆金色；服用資具，如第六天；飲食豐饒，隨念而至；無有魔事及諸惡趣，亦復無有女人之名。有七寶林，上羅寶網，七寶蓮華，覆以寶帳，如文殊師利所成淨刹，裝校嚴飾，等無有異。」

「在我的國土中，所有眾生，身體皆呈金色；生活等一切資具，皆如第六天般微妙美好；飲食豐饒，皆隨念生出；沒有任何魔事障礙及各種惡道，也沒有女人之名。國土中有七寶織成的樹林、上等的綾羅寶網、七寶蓮華並且覆蓋著寶帳，如你文殊師利將來所成就的淨土一般，裝飾得極為華美，沒有絲毫差別。」

「若我此言非虛妄者，令此大眾身皆金色；我之女身變成男子，如三十歲知法比丘。」

說此語時，此諸大眾皆作金色。妙慧菩薩轉女成男，如三十歲知法比丘。

「假如我所說的話不是虛妄之語，那麼就令與會大眾身體皆呈金色；我的女身變成男子之身，就如三十歲的出家受戒比丘一般。」

妙慧講說此話的同時，在場所有大眾身體都變成金色。妙慧菩薩轉女成男，如一位三十歲的出家受戒比丘。

是時，地居天眾展轉讚言：「大哉！大哉！妙慧菩薩摩訶薩能於來世，得菩提時，嚴淨佛剎，功德如是！」

這時，聽法的地居天界諸眾，讚歎聲此起彼落：「太偉大了！太特別了！這位妙慧菩薩能於來世證得菩提時，如此嚴飾清淨佛土，功德真大呀！」

爾時，佛告文殊師利：「此妙慧菩薩，於當來世成等正覺，號殊勝功德寶藏如來，出現於世。」

那時，佛陀告訴文殊師利菩薩：「這位妙慧菩薩，於未來世成就無上正等正覺時，將以『殊勝功德寶藏如來』的名號出現於世。」

佛說此經時，三十俱胝眾生，於阿耨多羅三藐三菩提，住不退轉；八十俱胝眾生，遠塵離垢，得法眼淨；八千眾生，皆獲智證。

佛陀說此經時，有三十億眾生安住於無上正等正覺，而不退轉；有八十億眾生，遠離煩惱塵垢，得清淨法眼；有八千名眾生，因此證得阿羅漢果位。

五千比丘行菩薩乘，心欲退轉，因見妙慧菩薩意樂善根，威德殊勝故，各各脫身所著上服，以施如來。如是施已，發弘誓言：「我等以此善根，決定願成阿耨多羅三藐三菩提！」

有五千位行菩薩道的比丘，本來生起退轉心，因為見到妙慧菩薩的意樂善根，受其種種殊勝的威德力所感動，各個脫下身上所穿的上衣，供施給如來。如此供養後，又發下誓言：「我等以此善根，立願成就無上正等正覺！」

彼諸善男子等，以此善根回向無上菩提故，超九十劫生死之苦，不退轉於阿耨多羅三藐三菩提。

所有善男子等，皆因以此善根回向無上菩提，而得超越九十劫生死輪迴之苦，於無上正等正覺不退轉。

爾時，世尊即記之曰：「汝等於當來世，過千劫後，於無垢光明劫中，陽焰世界難忍佛剎，於一劫中相次成佛，皆同一字，號辯才莊嚴如來，出現於世。」

那時，世尊便為他們授記：「你們於未來世，過一千劫後，將於無垢光明劫、陽焰世界的難忍佛國中，於一劫中相繼成佛，並以『辯才莊嚴如來』之同一名號，出現於世。」

「文殊師利！如是法門有大威德，能令菩薩摩訶薩及聲聞乘者獲大利益。」

「文殊師利！這個法門有大威德力，能使大菩薩和聲聞乘者獲得大利益。」

「文殊師利！或有善男子、善女人為求菩提，無方便善巧，行六波羅蜜足滿千劫；若復有人，經於半月，時一書寫讀誦此經，所獲福聚，比前功德，百分、千分、百千俱胝，乃至算數譬喻所不能及！」

「文殊師利！或有善男子、善女人為了求證菩提，卻因沒有方便善巧，而行持六度波羅蜜（布施、持戒、忍辱、精進、禪定、般若），足足滿千劫的時間；假若又有人，經短短半個月，偶一書寫讀誦此經，所獲的福德資糧聚積，先前的功德與之相比，不及百分之一、千分之一、百千俱胝之一，其功德乃至算數譬喻都不能及。」

「是故，文殊師利！如是微妙法門，即諸菩薩契經之本。我今付囑於汝，汝當來世，受持讀誦，為人解說。譬如轉輪聖王出現於世，所有七寶，皆悉在前；王滅之後，寶隨隱沒。如是微妙法門流行於世，即諸如來七菩提分等法眼不滅，若不流行，正法當滅。」

「所以，文殊師利！如此微妙法門，是一切大乘菩薩經典的根本。我今天將它傳承給你，你當於來世，受持讀誦，為人解說。就像轉輪聖王出現於世，所有的七寶（輪寶、珠寶、象寶、馬寶、玉女寶、主藏臣寶、主兵臣寶），都在眼前，轉輪聖王入滅以後，寶隨即隱沒不見。如此微妙法門流行於世，即是諸佛如來七菩提分（又稱七覺支：擇法覺支、精進覺支、喜覺支、輕安覺支、念覺支、定覺支、行捨覺支）等法眼不會滅除，如果此法不流行於世，正法當會毀滅。」

「是故，文殊師利！若善男子、善女人等，為求菩提，應當發起精進，書寫此經，受持讀誦，為人演說。此是我教，勿於後世，生悔恨心！」

「所以，文殊師利！假如有善男子、善女人為求菩提，應當奮發精進，書寫此經，受持讀誦，為人演說。這是我的教誨，你們應該承擔起來，莫於後世生起悔恨之心！」

佛說此經已，妙慧菩薩、文殊師利菩薩及諸大眾、天、人、阿修羅、乾闥婆等，聞佛所說，皆大歡喜，信受奉行。

佛陀講說《妙慧童女經》圓滿，妙慧菩薩、文殊師利菩薩及諸大眾、天、人、阿修羅、乾闥婆等法界眾生，聽聞佛陀說法，無不法喜充滿，一心信受奉行。

十種幸福之道：佛說妙慧童女經

看世界的方法 250

作者——星雲大師

美術設計——吳佳璘
責任編輯——林煜幃
內頁攝影——林煜幃

發行人兼社長——許悔之
總編輯——林煜幃
副總編輯——施彥如
執行主編——魏于婷
美術主編——吳佳璘
行政助理——陳芃妤

藝術總監——黃寶萍
策略顧問——黃惠美．郭旭原
郭思敏．郭孟君
顧問——施昇輝．林志隆．張佳雯
法律顧問——國際通商法律事務所
邵瓊慧律師

出版——有鹿文化事業有限公司｜台北市大安區信義路三段106號10樓之4
T. 02-2700-8388｜F. 02-2700-8178｜www.uniqueroute.com
M. service@uniqueroute.com

製版印刷——鴻霖印刷傳媒股份有限公司

總經銷——紅螞蟻圖書有限公司｜台北市內湖區舊宗路二段121巷19號
T. 02-2795-3656｜F. 02-2795-4100｜www.e-redant.com

特許發行——香海文化事業有限公司｜台北市信義區松隆路327號9樓
新北市三重區三和路三段117號6樓｜T. 02-2971-6868｜F. 02-2971-6577
http://gandhabooks.com

ISBN——978-626-7262-58-0
初版——2013年1月
二版第一次印行——2024年1月

定價——360元

十種幸福之道：佛說妙慧童女經 / 星雲大師著 —二版．— 臺北市：有鹿文化，2024.01．面；
（看世界的方法；250）ISBN 978-626-7262-58-0 1. 佛法修持 2. 生活指導 225.87………112021628